富士山と御師料理

御師の家に息づく信仰と生活、食文化の歴史

日本人と富士山

世界遺産 富士山
～信仰の対象と芸術の源泉～

日本一の高さを誇る富士山の標高は3,776m。活火山であるために繰り返されてきた噴火は、人々に畏敬の念を抱かせ、古来、神体山（禁足地）＊としてあがめられてきました。麓では祭祀が行われ、人々は優美に広がる御姿を遥拝してきました。

時代が下り仏教が伝来すると修験道＊などが盛んになります。中世には関東一円より登山者が往来し、修行を通じて得られる験力＊、そのエネルギーが多くの人を魅了し、江戸時代には富士講が爆発的な人気となります。

現代となり、平成25年（2013）6月に富士山は世界文化遺産に登録されます。その構成資産＊には山頂の遺跡群、登山道、北口本宮冨士浅間神社をはじめとする山麓の神社、御師住宅、信仰登山で巡礼する人穴富士講遺跡、胎内樹型（船津、吉田）、湖や湧水、滝、海浜などがあり、富士吉田市内では5件が認定されています。

富士山の北麓に住み富士山信仰を支え続けている人々は、水と山の恵みに支えられ豊かな精神性を育み、関東各地から集まる人々との交流により固有の食生活文化を形成しています。

序文　日本の食文化と御師料理

御師の家に息づく富士山信仰の歴史と食生活文化

東京からほど近い山梨県富士吉田市には、富士山参詣者（さんけいしゃ）の宿泊や食事の世話をはじめ、神職者として集落の神事や行事を長年支えてきた御師（おし）＊の人たちが住む御師町が今も大切に残されています。そこには富士山信仰を中心とした地域の年中行事、富士山に育まれた自然観や生活観による独自の食生活文化があります。

　本書は、富士吉田の食文化＊について、御師の家に継承されている生活文化と料理を中心に据え（以下食生活文化）、御師や関係者へのヒアリング等を含めたさまざまな視点による調査研究をまとめたものです。御師の食生活文化を通じて、日本人が忘れかけている生活文化の心や食事観への理解を深め、自然と深いつながりを持つ日本の食文化、すなわち和食の基本にある「自然の尊重」への理解の一助となり、地域の食育に対し少しでも貢献できればと考えています。

　御師の食文化の歴史を紐解くと、古来、日本には神祇思想による山岳崇拝の信仰があり、仏教伝来後は仏教の一部が融合した山岳仏教である修験道が生まれ、平安時代以降盛んになります。富士山信仰では神仏習合＊により浅間大菩薩の思想が江戸末期まで続き、仏教の影響と考えられがちな肉食禁忌ですが、仏教が入る前から日本にも精進の風習があったともいわれ、現在研究が進んでいるところです。

　また、江戸時代に爆発的な人気を誇った富士講は江戸をはじめとした庶民の生活と密接な関係にありました。江戸時代のしきたりや食生活、当時の調理法や食事様式を見つめ直し、江戸時代の料理を再現し、富士山を囲む静岡、東京、神奈川、富士講も多かった近県の埼玉、千葉、茨城、そして街道が続く長野、富山、新潟の食文化の影響等も踏まえてこの地域の

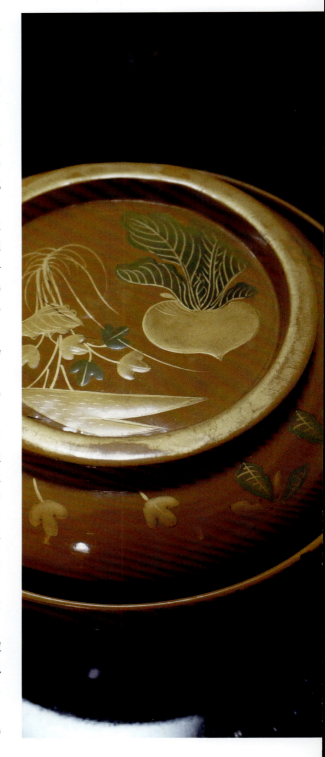

食文化を読み解くことは大変興味深いことです。

現在も御師町に特徴的に受け継がれているのは「おもてなしの心」、今流にいうとホスピタリティマインドです。その心は、食事内容にも反映され、御師町が長く続いてきた理由でもあると考えられます。日本人が自然に寄り添い、自然ともっと近い関係で暮らしていたときには、普通に感じられていた神様とともにいただく直会*や節会*といった食を通じたコミュニケーションの大切さや食に対する感謝の心を、富士吉田の御師の家では感じることができます。

食文化は、江戸、明治、大正、昭和そして戦後から現在へと移り変わる時代とともに、日本の政治、経済の動きと密接な関係を持ちながら大きく変化しています。御師料理も時代の要請に応えて変化しながら継承されています。それらを検証し理解を深めることによって、さらに新しい時代に継承されれば幸いです。

富士山北口御師の料理

御師料理は富士信仰を支える御師町に息づく料理で、御師により歴史的に形成された伝統的な食事様式*です。銘々膳を用い、漆や江戸時代に発展した染付の器等を合わせた食膳で、江戸から大正期に形成されました。基本の献立は汁とごはん、香の物、三〜五菜の料理の組み合わせとなっています。富士山という高地特有の季節感に基づき、折々の行事を大切にした食事内容が特徴です。

また、鎌倉往還よりもたらされた食材の影響もみられます。一年を通じて信仰に支えられた感謝の心や、食事というコトを大切にした食生活と、奉仕や相互扶助の精神、相互のおもてなしを基本としたコミュニケーション等が大切にされたため、健康寿命を延ばすことにもつながっていると考えられます。

御師料理の特徴

a. 信仰に基づいた料理
江戸時代は肉食が禁忌とされ、また修験道の影響もあり、精進料理をベースとして形成されました。主な食材としてひじき、干瓢、昆布、ごぼうやその他の野菜があげられ、料理としては、ひじきとじゃが芋の煮物、夕顔の煮物や汁物がその代表として継承されています。

b. 神人共食の振る舞い料理
神に感謝し、神人共食*を行うことが基底にあるため、神饌を献供し、直会で神様とともにお神酒をいただきます。下山の際の祝いの膳や太々神楽奉納の際の式正料理*等、本格的なおもてなしを行い、食膳には古くは鯉をはじめとした川魚、鮑、鰹等の海の魚介類を多用した料理が並びます。お餅や赤飯、雑煮等もさまざまな祝い事に作られ食べられてきました。

c. 御師のおもてなし
信仰と奉仕の心が基本にあり、御師の家族や手伝いをする人たちのおもてなしとして継承され、主客が相互にもてなす行為を特徴とします。例えば、御師のおもてなしに対し、講社からは米や酒、食材のお土産や食具等の寄贈、神楽の奉納等があります。御師と富士講の人たちとの相互交流により、もてなし、もてなされる関係が食事ゴトにより歴史的に継承され、相手の立場を心得たもてなしが特徴となります。

d. 富士北麓の山の恵み
夏山シーズンは富士講のためのおもてなしの食事、秋から冬は心身の温まる吉田のうどんをはじめとしたさまざまな粉食、雑穀文化があります。富士北麓の山菜やきのこなども、御師の食文化の特徴の一つとして考えられます。

目次

日本人と富士山	2
序文　日本の食文化と御師料理	4
本書の見方	8

富士山信仰と御師　9

富士講と御師	10
御師の装束と作法	12
神饌	14
富士太々神楽	16
御師の佇まい　御師の家	18
床の間と床飾り	20
富士山の水の恵み	22
敷地　畑　夕顔棚	24
食事様式　器　道具	26
街道と食文化	
鎌倉往還から江戸の五街道まで	28
魚食文化と包丁文化	30
昭和―戦前戦後の御師料理	32
御師と火地炉（囲炉裏）	34

御師の家の一年　35

富士北麓の自然と風土「冬」	36
一月　睦月　歳神様　お供え	38
一月　睦月　お節　雑煮　屠蘇	40
一月　睦月　七種祭（一月七日）	42
一月　睦月　小正月　道祖神祭（一月十五日）	44
二月　如月　節分祭（年取り）	46

富士北麓の自然と風土「春」	48
旧暦三月（四月）　弥生　雛祭り	50
四月　卯月　胎内祭	52
五月　皐月　初申祭	54
旧暦五月（六月）　水無月　端午の節句	56

富士北麓の自然と風土「夏」	58
七月　文月　開山祭（山開き）	60
八月　葉月　吉田の火祭り（鎮火祭）	62
八月　葉月　すすき祭り	64

富士北麓の自然と風土「秋」	66
九月　長月　十五夜　十三夜	68
十月　神無月　えびす講	70
十一月　霜月　新嘗祭	72
十二月　師走　年末　年越しの餅搗き	74
先達さん	76

御師のおもてなし〜基本献立〜　77
　朝食　登り膳　　　　　　　　　　　78
　昼食　お弁当　おむすび　餅　　　　80
　夕食　基本の膳　　　　　　　　　　82
　祝いの膳　富士山の鯉　　　　　　　84
　　　　　太々神楽の献立　取り肴　　86
　　　　　太々神楽の献立　吸い物椀　88
　人生儀礼と食文化　　　　　　　　　90

御師料理の素材　91
　川の魚　　　　　　　　　　　　　　92
　海の魚　　　　　　　　　　　　　　94
　夕顔　　　　　　　　　　　　　　　96
　じゃが芋（せいだ芋）　　　　　　　98
　山菜　わらび　蕗　　　　　　　　100
　山椒　　　　　　　　　　　　　　102
　竹の子　　　　　　　　　　　　　104
　梅　　　　　　　　　　　　　　　106
　野菜　芋　乾物　茶　薬草　漬物　108
　粒食　餅　　　　　　　　　　　　110
　粉食　　　　　　　　　　　　　　112
　酒　みりん　酢　　　　　　　　　114
　みそ　しょうゆ　　　　　　　　　116
　だし（昆布　カツオ節　干し椎茸　煮干し）118

御師料理レシピ
　基本のレシピ　　　　　　　　　　120
　御師料理レシピ　　　　　　　　　121

巻末資料
　御師住宅関連資料　　　　　　　　130
　歴史略年表　　　　　　　　　　　134
　用語の解説　　　　　　　　　　　137
　関連法規　　　　　　　　　　　　140
　主要参考文献　　　　　　　　　　141
　協力一覧　　　　　　　　　　　　142
　あとがき　　　　　　　　　　　　143

本書の見方

1）料理の作り方の見方
- 材料の分量：食材は、実際に調理するときの重量です。
- 調味料は、その重量に対しての分量が書かれています。
- 材料は基本的に4人分で、記載がないものは正味量となっています。
- 適量は量を好みで加減してください。
- 適宜は好みで加えても、加えなくても、また量も好みでお使いください。
- エネルギーは1人分あたりで表示しています。
- 計量の単位：材料表で使用したものは、小さじ1＝5ml、大さじ1＝15ml、ミニスプーン1＝1ml、1カップ＝200mlです。材料表中の少々は小さじ1/5未満が目安です。
- 塩：この本で使用した塩は、小さじ1＝5gの天然塩です。1g以下は少量と表記しています。
- 米：米は、炊飯器についているカップ＝1合（180ml）で表記しました。
- 電子レンジの加熱時間は600Wのものを使用した場合です。

2）調味料の塩分量と糖分量がおいしさの基本
味つけの基本は塩味（塩分）と甘味（糖分）のバランスです。この割合を表したものが「調味パーセント」となります。調味パーセントは材料重量に対しての調味料の割合で表します。

- 塩分の換算
料理の塩味は塩だけでなく、みそ、しょうゆも用います。含まれている塩分量は甘みそ（5～8％）、辛みそ（10～13％）、しょうゆ（15％）とそれぞれ違います。しょうゆによる塩分を塩に換算する場合は、重量を約1/6にします。

- 糖分の換算
料理の甘味の主な調味料はみりんと砂糖です。糖分1％に相当する砂糖（上白糖）は1g、みりん2.3g。
みりんは砂糖の80％の甘さです。そのため、みりんによる糖分を砂糖に換算する場合は、重量を約1/3にします。

	水	酢	酒	天然塩	しょうゆ	みそ	みりん	上白糖	油
ミニスプーン1ml				1	（約0.2）	（-）	（-）	0.5	
小さじ5ml	5	5	5	5～6	6（約1）	6（約0.8）	6（2）	3	4
大さじ15ml	15	15	15	15	18（約3）	18（約2.2）	18（6）	9	12
カップ200ml	200	200	200	210	230	230	230	130	180

単位：重さg／しょうゆとみそのカッコ内は塩分量、みりんのカッコ内は糖分量を示す。

- 調味パーセントの使い方
レシピに記されている調味パーセントは何に対してか、下記に記します。
  - 汁物：だしの重量に対して
  - 煮物：だしを除いた材料の合計重量に対して
  - 焼き物、炒め物、揚げ物：材料の合計重量に対して
  - 切り身魚の場合：魚の重量に対して
  - 乾物：もどしたあとの重量に対して
  - 米：乾物の米の重量に対して
  - 飯：炊き上がった飯の重量に対して（すし飯や炊き込みごはん、混ぜごはんなどの場合）

- 寸法の基本　1寸＝3.03cm

- 本書は、富士吉田市からの委託により平成27～29年度に実施した御師料理の体系化における調査研究の成果を踏まえて制作された。
- 食材や料理の表記については、『「料理」と「健康」用字用語集』（女子栄養大学出版部）の表記を基本とした。
- 文中の*印がついている用語は、巻末資料の用語の解説に解説を入れた。参考にしてほしい。
- 図版写真のうち自然風景、建物、祭事、行事等は、基本的に平成27年から平成31年にかけて向後千里および脇本厚司が実際に富士吉田で撮影したものである。p.68の十五夜のしつらえは調査研究による再現である。料理写真は御師の方々のご協力により撮影した写真も掲載したが、レシピおよび写真図版は、資料や調査をもとに再現し撮影したものである。
- 図版中のモノクロの御師の写真、食具や文書等の資料は、御師を中心とする所蔵者をはじめ、ふじさんミュージアムのご協力を得た。

富士山信仰と御師

金鳥居
<small>かなどりい</small>

金鳥居は古くは「唐銅鳥居」（青銅鳥居の意）と称されていましたが、これがなまって金鳥居となったといわれています。また、金鳥居には「一の鳥居」という別称があります。金鳥居をくぐった先に続く吉田口登山道を登って富士山頂に至る道中の一番初めにある鳥居で、かつては富士山の信仰登山者を迎え入れる「門」として、また俗界と富士山の信仰世界とを分かつ「境界」として建立され、金鳥居を歩いてくぐると、富士山の信仰の世界に入ると考えられ、神聖な存在でした。残っている記録によると、1788年に初めて建立され、暴風雨などの影響により幾度となく倒壊と建立が繰り返されたようです。現在の金鳥居は昭和32年に建立され富士吉田のランドマークとして親しまれています。 中心高は9.88 m、明（柱と柱の間）7.9m、笠木巾13.4 m、柱の太さ0.88 mです。扁額には「冨士山」の文字が飾られています。平成30年5月に注連縄が掛けかえられました。

富士講と御師

古来、富士山の祭神を祀る北口本宮冨士浅間神社は、多くの参詣者を迎え、登山者は神社に参拝したのち、吉田口登山道から山頂を目指しました。富士山信仰は噴火を鎮めるため浅間大神が祀られ、のちに修験道と浅間信仰が習合して浅間大菩薩が祭神として祀られます。また、古くから富士山縁起には赫映姫の伝承があります。江戸時代になると富士山の祭神は木花開耶姫命＊が定着していきます。室町時代には富士山信仰の拠点として武田信玄により社殿の造営もされます。現在は木花開耶姫命、彦火瓊瓊杵尊、大山祇神の3神が祀られています。そして、信仰による登山者や道者の宿泊、食事の世話や布教活動にあたった者を御師といい、古吉田に御師の集落を形成したのが御師町の始まりだといわれています。

その後、御師町は富士山の雪代＊等の災害を逃れるために、元亀3年（1572）に現在の上吉田に集落移転が行われ、御師は富士信仰の隆盛とともに発達し86軒（1814年『甲斐国志』）を数えるほどに発展していきます。

開祖とされる長谷川角行（藤原角行：1541～1646）は富士の人穴（富士宮市）に籠もり、北口本宮参道の立行石等で荒行を重ね、諸病平癒等で庶民を救済したといわれる人物です。角行の後継者は、二世・日珥、三世・肛心、四世・月珥、五世・月心と続き、その子である村上光清が六世を継ぎ村上講として最盛期を迎えます。

村上光清は北口本宮冨士浅間神社の大修復工事を行い、元文5年（1740）にほぼ完工しました。仁王門や鐘楼堂は明治期に撤去されましたが、拝殿、幣殿、神楽殿、随神門、手水舎＊など現存の社殿および配置はこの当時のものです（いずれも重要文化財）。江戸の技が光る荘厳優美な建築からも、元文4年に大岡越前守に御褒賞を賜るほどの大事業であったことが推察できます。

四世・月珥から正統の法派＊を継いだ月心とは別に、三世・肛心の弟子であった月行は別流として独立しました。伊勢国出身で、日本橋白銀町で煙草屋を営みながら修行に励む道すがら、若く実直な食行身禄に出会い、熱心に富士信仰の道を説きました。深く感銘を受けた身禄は、月行の弟子となり油商等で身を立てつつ信仰を深め、勤勉実直さにより莫大な資産を築きましたが、財産を残らず使用人に分かち与え、自身は妻子とともに質素に暮らしたと伝わります。当時華やかな正統派の「大名光清」に対し「乞食身禄」とまでいわれながらも三著といわれる『一字不説の巻』『御添書の巻』『お決定の巻』を著し、勤勉力行・諸事倹約等、道徳規範を中心に富士信仰を説きました。そして元祖食行身禄と称えられ、「講」の形態をとる富士講の興りとなって「身禄講に非ざれば富士講に非ず」とさえいわれるまでになります。食行身禄の娘の流れから丸嘉講、丸半講が興り、その後に丸鳩講、不二道孝心講、その一派に神道実行教、さらに一山講、永田講、丸藤講、山吉講、山真講など、身禄の縁者・直弟子・孫弟子により続々と富士講が組織されていきました。

写真（上）北口本宮冨士浅間神社の拝殿および幣殿
（中）体力の衰えを感じた身禄が富士山中にある吉田口七合五勺の烏帽子岩の岩窟で富士の雪水を飲むだけの断食瞑想を行い、入定するまでの31日間に口述した仙元の神示教訓が『三十一日の巻』として記録され、これが富士講最高の経典となっています。（大国屋蔵）
（下は竹谷蔵）
※左頁本文中の法脈の表記は、岩科小一郎『富士講の歴史』（名著出版、2000年）によった。

富士山信仰と御師　11

〜斎服を身につけ、神に心を寄せる〜
御師の装束と作法

御師は、火祭りの際には白色で無紋の縫腋の袍（ほうえき）＊、無紋の袴の「斎服（さいふく）」＊を着用し、垂纓（すいえい）の冠をかぶり、笏を持って神事に参列します。袍は、平安時代の文官の服装で、両脇の下部を縫い合わせたものです。天皇、文官および四位以上の武官が着用したものです。また、御師の神葬祭の折には、墨色の淡い色である鈍色（にび）の装束を身につけます。また、お辞儀の仕方には拝、深揖（しんゆう）、小揖（しょうゆう）があります。拝：深く最敬礼する際には90度、深揖：敬服するときには45度、小揖：会釈は15度と敬礼の作法が決まっています。

神饌
しんせん
〜お祭りでの大切な役割〜

古来、日本人はあらゆるものに神が宿ると信じ、神々を尊び、除災を願い、豊作を祈ってきました。祭りの中心には神事があり、神事では身を清めて神様をお迎えし、神饌を供え、宮司（ぐうじ）により祝詞（のりと）の奏上（そうじょう）が行われます。儀式が終わると撤饌（てっせん）し、一同は直会を行うことで神様との共食を行い一体感を持ち、神様のご加護と恩恵を授かれると信じてきました。神饌にはその年収穫した季節の作物や新鮮な魚、郷土料理、古式ゆかしいものなどが供えられ、日本食文化の原点をみることができます。また、神事にとって直会も大切な行事です。

明治期の廃仏毀釈＊、明治8年（1875）制定の「神社祭式」により神道が中央集権化し、画一的な神饌になったといわれますが、開山祭の神饌には熟饌として新じゃが芋とひじきの煮物、胎内祭には草餅や草団子が献供され、富士吉田では神様をより身近なものとしてとらえ、神饌を献供している様がみられます。

写真（左）開山祭での神饌
（右）神饌の鯛（上）と鱒（下）
（右頁）2017年火祭りの際の神饌。神饌に使われる三方は、衝重（ついかさね）＊と呼ばれる膳の一種。

昭和に火祭りの献供が復活された際の献供75品のリスト（昭和7年「鎮火祭次第」）
明治期は奉献品の調達が正月7日の七草祭奉仕のあと、御師団全員による抽選で決められていました。しかし大正期に中止され、昭和の御大典を記念して復活したものの、昭和17年、大東亜（太平洋）戦争により再び中止となり現在に至っているそうです（北口本宮冨士浅間神社『鎮火祭』）。

	献供75品	内容
1	穀物10品	米・大麦・小麦・粟・稗・黍・大豆・小豆・蕎麦・麻の実
2	果物15品	梨・葡萄・桃・李・小桃・林檎・棗・栗・柿・蜜柑・杏・梅・苺・榧・柚
3	河海の魚菜15品	生魚・乾魚の内　8品 若芽・荒布・昆布・鹿尾菜・石花菜（寒天）・海苔・河菜（河海苔）
4	山野野菜15品	胡瓜・茄子・芋類（三種）・蓮根・慈姑・菜・芹・款冬（蕗）・大根・葱・人参・牛蒡・しょうが
5	菓子15品	蒸菓子および乾菓子の内
6	外に5品	神酒・塩・水・赤飯・鏡餅

富士山信仰と御師　15

富士太々神楽

神楽の語源はかむくら（神座）にあるといい、神座に神を分霊し、その前で行われる祈祷の式そのものを古くは神楽といったそうです。神楽には多くの系統があり、民間の神楽は「里神楽」と総称されています。人と神が交流する等、神人一体となって舞う『古事記』のアメノウズメが舞った舞が起源とされています。富士太々神楽は釜で湯を煮えたぎらせ、その湯で神事を執り行う湯立神楽に源流を求められ、巫女による舞が舞われていたとされています。その後、江戸時代中期の宝永8年（1711年）に素面の採物（御幣や鈴のこと）と面舞の神楽が伝わり、それまでの神楽と習合し、現在の神楽となったと考えられています。富士太々神楽は現在「榊の舞」「巫女の舞」「四方拝の舞」「申田彦の

写真（上）太々神楽奉納額（嘉永7年・上文司蔵）
現在は北口本宮冨士浅間神社の神楽殿と御旅所＊で年7回奉納されるほか、富士講により奉納が行われ継承されています。
（左）神楽殿は享保期に行われた神社の大修理の際、元文3年（1738）に新規に建造されたもの。写真の舞は申田彦の神の舞（赤天狗）の面をつけて槍を持って反ばいを踏み、激しく舞う舞。楽器は神楽和琴、大和笛、拍子、篳篥の四つ。

■神楽奉納年間スケジュール
節分祭（2月3日）
祈年祭（2月17日）
初申祭（5月5日）
開山前夜祭（6月30日）
開山祭（7月1日）
火祭り（鎮火祭）（8月26日）
新嘗祭（11月23日）

神の舞」「鈿女の神の舞」「手力男神の舞」「天照大神の舞」「綿津美の神の舞」「稲荷大神の舞」「片剣の舞」「両剣の舞」「蟇目の舞」の12座の舞からなっていますが、巫女の舞、天照大神の舞も、女面をかぶった男子が舞います。古くは通常神職などの成年男子が1人1座で舞うことが基本となっており、御師がその舞い手となって奉納し、継承されていましたが、明治中期、地元の崇敬者で組織する神楽講に受け継がれています。

講社では33回登山をすると、北口本宮冨士浅間神社に神楽を奉納し記念碑を建てたり、直会として特別な食事を用意し、盛大に祝われていました。古文書には準備をした御師の人たちの苦労の様子も残されています。

富士山信仰と御師　17

御師の佇まい
御師の家

御師町は富士道と呼ばれる国道139号を軸として左右に民家が広がり、通り沿いの前屋敷には御師との関係を保ってきた大工や農業等を営む人が住む町屋や町御師がおかれ、石灯籠が建つ表門から細いタツミチ＊（九尺道）といわれる引き込み路の奥に、御師の屋敷があります。この町割り＊が御師町の特徴を作り出しています。

　タツミチの中ほどにある薬医門形式＊の中門をくぐり抜けると、ヤーナ川＊と呼ばれる水路があります。隣地との境界の段差を利用した水路には滝が設けられ、敷地内の庭には池が引き込まれていて、湿地となった池には昔はくわい等が生えていたといいます。御師の家は横家と竪家の形式があり、主屋の正面には式台玄関＊（玄関先の板敷）が設けられ、格式の高い人はそこから出入りします。広間、座敷（下段の間と上段の間）とつながる接客空間の奥に宿泊空間、御神殿の間へとつながり、手前に生活空間となります。敷地の奥には屋敷神（稲荷社）の御神木や、柏の木、梅の木等が植えられ、畑から、竹藪、屋敷墓、川へと至る長細い敷地が御師の家の特徴的な空間構造となっています。

　家人は主屋の脇に設けられた中のロの玄関とお勝手を使用します。お勝手から入ってすぐの所に台所、板の間に火地炉（囲炉裏）が切ってあり、7月になるとどこの家でも畳を上げて板の間にして、配膳するための御膳棚をおき、講社の人が100人来ても宿泊できるように準備をしたそうです。また通常講社の人たちは中庭から奥の間に出入りをしたそうです。

御師の家「旧外川家住宅」

富士山信仰と御師　19

御師の佇まい
床の間と床飾り

床、棚、付け書院の座敷飾りを持つ書院造は室町時代に生まれて江戸時代に確立した様式で、御師住宅の特徴の一つにもなっています。御師の家の基本構造は、玄関、広間、座敷（下段の間と上段の間）とつながる住空間で構成され、座敷は書院造となっています。また、茶室を持つ住宅もあり、床の間がいくつかあり、形式もいろいろですが、いずれにしても、床は上座を意味し、客人を迎えるおもてなしの際に大変重要です。

床のある間を床の間といい、時節に合わせたしつらえを楽しみます。正月にはめでたいものや神様の軸、お祝いの掛け軸＊等が掛けられ季節や行事により掛けかえられますが、御師の家では軸飾りとして富士山の置き物が飾られることも多くあります。

床の間に関する用語
- 床柱：床の間の前縁部に位置する装飾的な柱。違い棚との間に位置することが多い。書院造では角柱が使われる。
- 床框：床の間の前端での縁に使われる横材。床畳や床板の端を隠すために用いられる。
- 床板・床畳：床の間の全面に張られる化粧板または畳。
- 床脇違い棚：床の間の脇に作られる室内装飾の一つ。棚は霞棚で段々になり、上段より、盃、肩衝茶入れ、香炉などが飾られる。
- 天袋・地袋：違い棚の上下に設けられる戸棚。
- 鴨居・敷居・長押：鴨居は和室の障子、襖の上の溝のある横木。溝がないのは無目鴨居。下は溝のある敷居。鴨居に関連して化粧材としてつけられるのが長押。
- 出書院：出窓形式の付け書院と出窓のない平書院がある。元来、書院は禅家の書斎であった。机上の棚のついた造作を指していたものが発展した。
- 欄間：他の部屋や廊下との間の鴨居の上に設けられた透かし彫りや格子等の飾りをはめ込んだ採光や通風のための窓部分。書院の上のものは書院欄間。

掛け軸　富士吉田の場合の分類
- 祝い掛け：富士山、七福神、松竹梅鶴亀、高砂、日の出、蓬莱山など、めでたいものや幸福をもたらす。正月、商売繁盛（開業）、吉祥。
- 書画掛け：神道軸で神事や日々の感謝を表したもの。天照大神。
- 仏画掛け：漢詩や茶道の精神を表す禅語を一行の書で表したもの。蓮華（仏事、彼岸、盆、弔事）。
- 山水画掛け：自然の風景を水墨で描いたもの。「川」は幸福、「家」は財産、「民」は長寿を表す。
- 厄除け・魔除け掛け軸：家内安全や厄除け。虎、龍。
- 季節掛け：四季の代表的な花を組み合わせたもので年中飾っておくことができる。竹（根を張る）、雀（吉鳥と子孫繁栄）、瓢箪（無病・長寿・還暦・喜寿）、夫婦（夫婦円満）、鯉の滝登り（昇進・節句）、四君子（蘭、竹、梅、菊）、四季花鳥。

御師の佇まい
富士山の水の恵み

富士山に春が訪れると雪が解け、そのほとんどは地下にしみ込みますが、やがて、地下水は地上に浸出します。富士山の湧き水は富士五湖、忍野八海の湧池等があり、現在富士山から海に流れる河川は山中湖を水源とする桂川だけです。富士山は砂礫と溶岩でできているため、春先の雪解け水と大量の雨が、普段は水量の少ない枯れ川（空堀）に流れ込むと、大量の水を含んだ雪崩を起こします。これがいわゆる雪代（ゆきしろ）です。さらに土石流や泥流となって流れ落ち、山裾の町に大きな被害をもたらすこともあります。この雪代による被害を避けるため、元亀3年（1572）に古吉田から現在の上吉田に町ごと移転します。その際、溶岩の下のやわらかい地層を掘り抜き、水路を作って水源を確保したとされます。そして、富士道と並行する間堀川と神田堀川の内側に富士道と並行するように道を敷き、斜面

写真（上）忍野八海
（中）昔、水が湧き出ていた泉瑞に設けられた祠。
（下）北口本宮冨士浅間神社の手水舎の龍。
（左）福地用水（ヤーナ川）は、春の訪れとともに大量の水で町を潤します。（上文司家）

をいかした町が作られます。これにより豊富な水が行き届く集落構造になり、御師住宅の敷地内にはヤーナ川と呼ぶ小水路を流し、隣との落差を利用して滝と池を盛り込んだ庭園を造り、生活に必要な水の確保と景観的な美しさを生活の中につくり込んでいることも特徴の一つです。

富士講の巡礼地巡りには内八海、外八海、元八湖＊があります。内八海は山中湖、河口湖、西湖、精進湖、本栖湖、明見湖、四尾連湖、泉瑞湖（須戸湖の説もあり）を巡ります。外八海は、琵琶湖、二見ヶ浦、箱根湖（芦ノ湖）、諏訪湖、中禅寺湖、榛名湖、桜ヶ池、鹿島海（霞ヶ浦）とされ、この順番で巡礼します。

元八湖と呼ばれる忍野八海は、忍野村の出口池、御釜池、底抜池、銚子池、湧池、濁池、鏡池、菖蒲池を巡るものです。富士山の湧き水は、生活を豊かにすると同時に、水神信仰を生み、富士山を登る道者の禊の媒体として、富士山信仰の大切な役割を果たしています。

富士山信仰と御師　23

御師の佇まい
敷地　畑　夕顔　棚

御師住宅の特徴の一つは細長い敷地があげられます。敷地内には、梅や柿、柏の木や竹、山椒の木、たらの木、みょうがや蕗、よもぎなど、食材に用いられる木や野草が植えられ、また青紅葉、松、笹、すすき、小菊等が季節ごとの行事や食卓に彩りを添えてくれます。

また、畑もあり自家用に野菜が作られていました。資料によると「野菜は自家の畑で栽培した。裏の畑では麦のほか、ダイコン、サツマイモ、モロコシ、フユナ、ジナ、キャベツ、トマト、キュウリ、ナス、ジュウロク、カボチャ、ジャガイモ、サトイモ、ニンジン、ネギ、豆、シソなど」「みそ、梅干、漬物（糠漬け・塩漬け・タクアン・テッポウヅケ）、キャラブキなどは自家製である」（『富士山吉田口御師の住まいと暮らし』p.55）とあるように、消費量が多いものは購入したようですが、野菜を自家消費用に栽培していました。また、外川家では夕顔の棚が毎年作られ、その下で夕涼みを楽しんだといいます。現在も野菜作りを楽しむ御師たちも少なくありません。

写真（上）竹谷のタツミチ
（中）竹谷の敷地内の畑
（下）申屋の畑の冬菜
（右頁）旧外川家住宅にある夕顔棚

御師の佇まい
食事様式　器　道具

日本の食文化の素晴らしいところは食具の造形美にあります。料理を盛る器は漆器や陶器、磁器、竹工芸品など多種多様で、料理とのハーモニーは他の国にはないものだといえます。御師の家では、富士講から寄贈されたものが多く、椀や膳、器や銚子に至るまで講社の名前が記載され、各講社によって使う器が決まっていたことも特徴的です。現在は煮物、焼き物、蒸し物、酢の物と調理法によって献立が組み立てられていますが、江戸時代は料理を盛る器の呼び名で献立が構成されることが多く、坪、猪口、平（煮物・和え物）、中皿（焼き物）と呼び、膳と器で構成されていました。

江戸から大正の御師の家では料理は膳（折敷）に配置され、銘々に出される一汁三〜五菜の食事様式でした。銘々膳は時代や使う人によりさまざまなものがあり、戦前は足つきの宗和膳や蝶足膳などもあったそうですが、平膳（方形の足打ちの膳）が現在まで数多く残っています。また酒と酒の肴を出すための「ヒロブタ」といわれる盆等もみられます。

左から 酒の猪口、猪口、平皿、鉢（磁器）、平椀、吸い物椀、オヒラ、鯉こく用の煮物椀、坪、吸い物椀、徳利（上文司蔵）

・折敷の基本
折敷は大きいもので方尺2寸（36cm）
足つきの本膳、二の膳、三の膳の大中小の三つがセットになり、椀、皿、盃がそろえられます。
本膳：1尺1寸四方角（33cm角）で、縁高が1寸5分（4.5cm）、
　　　足高が4寸5分（13.5cm）
二の膳：1尺四方角（30cm角）で、縁高が1寸2分（3.1cm）、足高が4寸（12cm）
三の膳：1尺四方角（30cm角）で、縁高が9分（2.7cm）、足高が3寸6分（10.8cm）

・椀や茶碗
江戸時代後期には茶碗のサイズは直径4寸（12cm）、女性用は3寸8分（11.5cm）が一般的になります。器は猪口、中皿、平皿は膳の中に納まるサイズに決められており、特に使用頻度の高い5寸サイズの皿は膾を入れることが多く膾皿と呼ばれます。

写真（右）食籠（じきろう）あるいは「オヒラ」ともいわれ、中世の頃よりよく使われた食べ物を入れる容器です。足のついたものは一般に外居（ほかい）といいます。富士吉田ではオヒマチ*のときの飯入れや菓子入れ、餅やぼた餅等食物を贈るときの物入れなどに使われ、多くの御師の家に残されています。後には日本的な重箱に変わっていきます。（菊谷坊蔵）

富士山信仰と御師

街道と食文化
鎌倉往還から江戸の五街道まで

関東の街道整備は、鎌倉幕府の創建により戦略と物資運搬の両面から早い速度で進められていきます。鎌倉街道は文治元年（1185）諸国を結ぶ街道として整備されます。江戸時代になると中原街道（相模国と武蔵国間）に代わり東海道が、続いて五街道の五つ目の街道として、「古甲州道」（甲州道中）が、整備されます。元禄時代には中馬といわれる馬による陸上運送も盛んになり、また明治3年（1870）には玉川上水の羽村―内藤新宿間通船が開始されるなど、舟での運搬もととのえられるようになり、物資、人の往来が盛んになります。

太平洋岸の漁港から富士吉田までの道を探ると四つの大きなルートが考えられます。一つ目は古くからある鎌倉往還です。上道・中道・下道のうち、鎌倉から川越方面に延び、上野（群馬）や下野（栃木）に向かう上道を使い、途中古甲州道に合流するルートが古くから使われていたと考えられます。この道は三浦半島の三崎漁港から、鎌倉に至る三浦（三崎）道ともつながるルートです。二つ目のルートは永禄12年（1569）に武田信玄が小田原攻めの際に相模川を北上し中津井を縦断して帰還した信玄道です。三つ目は駿河（静岡）、東海道吉原宿から、精進、本栖の湖畔を経て富士西麓から右左口峠を越えて甲州に到達する中道往還。そして、最短ルートが東海道沼津（宿）から富士北麓を籠坂峠越えで御坂峠に通じ、富士吉田（郡内）と結ぶルートです。一方、富士山西麓に流れる富士川の舟運から、甲州道中韮崎宿へ結ばれるルート等もあり、ほかにも修験道が多かった中世の頃より多くの道が甲州に至っており、相州（神奈川）の山間や鎌倉、三浦半島との交流は食文化にも大きく影響していると考えられます。

写真（左）菅や萱、稲等の葉で編んだ菅笠、深く顔をおおう三度笠と水や酒入れとして使用した瓢箪は旅の必需品。（毘沙門屋蔵）

甲州　相模　駿河　江戸の街道略図
＊地名は現在の地名を優先している。

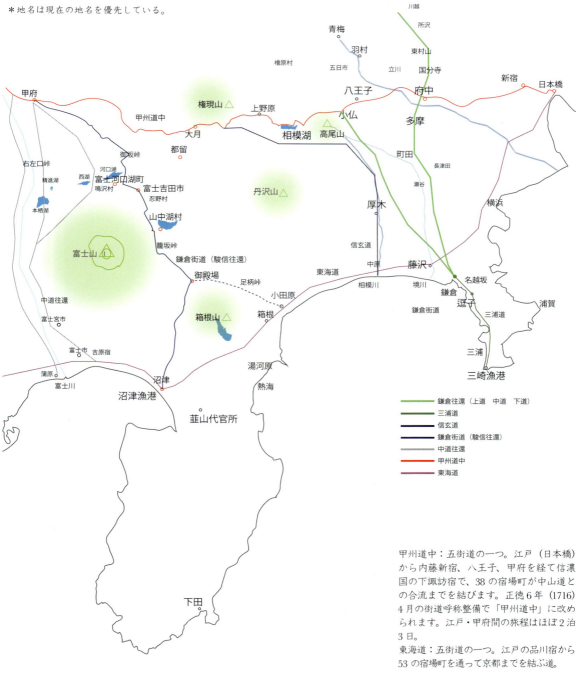

甲州道中：五街道の一つ。江戸（日本橋）から内藤新宿、八王子、甲府を経て信濃国の下諏訪宿で、38の宿場町が中山道との合流までを結びます。正徳6年（1716）4月の街道呼称整備で「甲州道中」に改められます。江戸・甲府間の旅程はほぼ2泊3日。

東海道：五街道の一つ。江戸の品川宿から53の宿場町を通って京都までを結ぶ道。

三浦半島は鰯、鮪、鯛、飛魚、鰹、鯵、鯖、海老、タコ、海鼠、鮑、サザエ、ひじき、わかめ、荒布、かじめ、もずく等、多種多様な海産物に恵まれ、春のひじきとりは有名で、富士講の講社の方も多くいた地域です。
「新茶の時期になると静岡の蒲原から行商人が来て、1年分のお茶を購入していた。」（『上吉田の民俗』p.198）。記録もあり人と物資の交流が盛んでした。

写真（左）今も火祭りのときに世話人はわらじをはく。

富士山信仰と御師　29

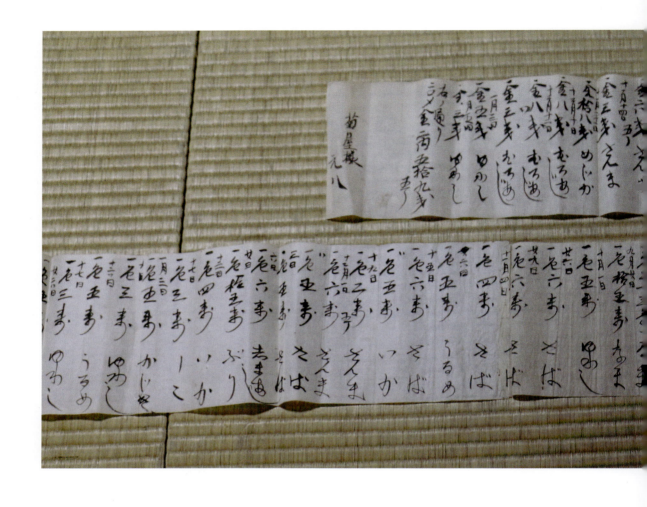

魚食文化と包丁文化

日本は周囲を海で囲まれているため、魚食文化が発達しています。魚の種類も多く、ありとあらゆる魚介類を食用としてきました。また調理方法も生、煮る、蒸す、焼く、揚げるといった五法と多様で、特にきれいな水に恵まれ、生のままの刺身やすしなどが早くに発達したことが、日本料理の特徴となっています。富士吉田は海のない山奥の場所でしたが、江戸時代は沼津や三浦に揚がった魚が運ばれ、農山村のハレの食事として大いに食されていました。明治になって鉄道網が発達するようになると、魚はますます欠かせないものになったと考えられます。

特に包丁による切り口を見せる刺身の文化が特徴的です。料理人や魚屋は包丁を何本も使い分け、鋭利な刃で細胞を破壊せずに切り分けて盛りつけます。こうした魚食文化は現在まで継承され、近代はバンチャン*と呼ばれる料理人の腕で、現代は地元の魚屋の仕出しで大いに食されています。

御師の家では、富士講が盛んだった昭和の初め頃までは料理人が静岡から訪れて魚料理に腕をふるってもてなしていました。当時の魚屋の控えをみると、鰤、鯖、烏賊、秋刀魚、加治木、イナダ等、太平洋側だけでなく、日本海側の魚等もみられ、魚食文化の豊かさがみてとれます。

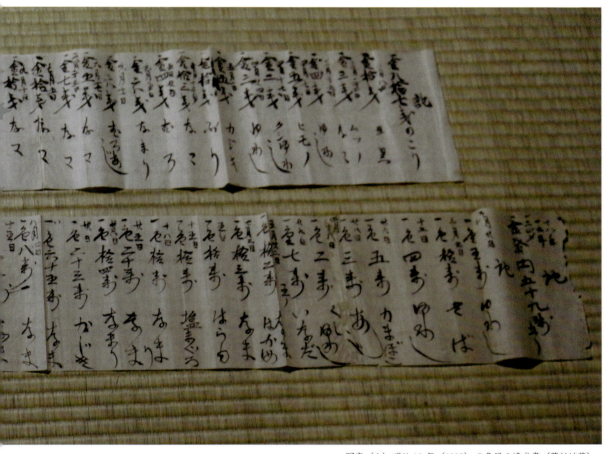

写真(上)明治18年(1885)の魚屋の請求書(菊谷坊蔵)
地元の魚屋の控えには、太平洋側だけでなく日本海側の魚もみられます。
(下)さまざまな種類の包丁
刺身包丁は関東と関西では異なり、関東では先端が四角いタコ引き包丁を使い、盛りつけも江戸時代は地域により特徴がありました。左から金串、麺切り、小出刃包丁、鰻裂き、菜切り、タコ引き包丁。(大国屋蔵)

昭和―戦前戦後の御師料理

現在、御師の家として残っているのは十数軒です。そのうち戦前は東京に住まいを持ち、夏の2か月だけ富士吉田で御師の家を営んでいた人もいます。

現在90歳を超える方に戦前戦後の様子をうかがいました。米は「みんな玄米を1人2合担いできた」とのこと。昭和12年（1937）の日中戦争勃発以降、農作物の生産量が減り、米の国内消費を朝鮮や台湾からの輸入に頼っていたこともあって、戦局が進むにつれ米不足になっていきます。昭和14年（1939）に「米穀配給統制法」、戦中の昭和17年（1942）には「食糧管理制度」が作られ、米、大麦等の主要食糧が国家の管理下にお

かれ、割当供出制になりました。1世帯に1通配給された「米穀通帳」と呼ばれる通帳がないと米が買えなくなります。通帳には1日当たりの配給量が記入されていて、1～5歳が120g、6～10歳までは200g、11～60歳までは330g、61歳以上は300gと定められていました。戦後さらに食糧難が深刻になり、昭和30年（1955）まで割当供出制が続きますが、徐々に制度は形骸化していきます。

槇田アイさんは大正10年、東京本所生まれの97歳（平成29年5月時点）。戦争が始まった昭和17年に結婚。その年に夫は出征し、姑のイトさんと御師の家に疎開します。戦争中は麹町の児童疎

開の子供たち50人ほどを受け入れ、にぎやかだったそうです。戦後は昭和23年頃に富士講が復活し、ピーク時の昭和25年には90人ほどの客がありましたが、徐々に減少していきます。「練馬、江古田、杉並の講社さんなどが来ていました。練馬の丸せん講の染物屋の檀那は贅沢な人で、あっさりしたものが好き。浅草の仲見世通りの女性の先達さんは華やかで、神田のおすし屋さんも来ていました。皆イキな人たちでした」と話してくれました。その他、麓に明治大学の寮があった関係で、自動車部や航空部の学生も泊まりに来て、5月から火祭りまで忙しく、最盛期はお手伝いが総勢20～30

人、お客が少ない日でも3人はいたそうです。食事は静岡出身のお姑さんが料理上手だったのと、御前崎から行商のおばあさんも年2回わかめを売りに来て、沼津の行商の女性が鯵の干物、鰹、野菜等を持ってきてくれたので、魚の照り焼き、刺身、初鰹も出していました。冬は公魚(わかさぎ)のフライ。春にはこごみ、つくし、山椒、蕗、たらの芽等の山菜、竹の子等。夏は夕顔のあんかけ、冷奴、なすは油で炒めてしょうがじょうゆも出していたそうです。朝食は、ごはん、のっぺい汁、具は豆腐と油揚げ、鮎や虹鱒など川魚の焼き物、野菜の和え物等。昼食のお弁当は梅干しのおにぎりにのりを巻いて、蕗、鮭や鯵の干物、山菜、じゃが芋とひじきの煮物、油揚げなど。夕食はごはん、鯉こく、かぼちゃの煮物、冬瓜、夕顔のあんかけ、鯉や鮒の洗い、鮒の煮物、天ぷら、野菜の精進揚げ等も出していたそうです。また、戦後は吉田のうどん、そばも出すように。ほうとうは鍋を火地炉にかけて出していたとか。大根は練馬の講社さんからいただく練馬大根を漬け、梅干し、キャベツの刻み、みょうがの漬物、手製のしその実漬けの和え物、みそは十年みそをすりこ木で作ってみそ部屋に入れて発酵させていたとのことです。

お菓子は、石菓子と呼んでいた熔岩おこし、ようかん、干しぶどうを用意し、果物は夜注文すると翌日には勝山(河口湖)から籠に入れて持ってきてくれたので、甲府のぶどうや桃等を出していたそうです。そして季節の行事には草餅や柏餅、お月見にはお月見団子、お正月はぼた餅を作り、お茶の先生をしていたので小正月の14日、15日は花を生けて掛け軸を掛けてお茶菓子をいただいたそうです。

槇田家の人たち(真ん中に立つ割烹着姿の女性が槇田アイさん)

富士山信仰と御師　33

御師と火地炉（囲炉裏）

日本の昔の家は炉の周りで食事を行い、体を温め、明かりにしてきました。火地炉（囲炉裏）は原始時代の炉を引き継いだもので、床を掘り下げ、周囲を石や土、漆喰などで固め、中に灰を入れ、角材の炉縁で囲ったものです。燃料は薪です。上の梁から自在鉤を吊るし、鍋や湯釜をかけます。土間続きの居間の中心に作る家が多く、御師の家では暖をとるために囲炉裏が複数あった家もあります。

御師の家では夏と冬で生活が大きく異なります。明治に入るまでは神職として神に仕える身だったため、朝は身を浄め、神棚、御神殿、霊神の順に拝み、夏の間は出立する富士講の道者*のために禊祓いを行い、道者の送り迎えと神に感謝の祝詞をあげ、夏を過ぎると「御札」を作り、北口本宮冨士浅間神社へのご奉仕、村の諸役を務め、社会奉仕を行っていたそうです。生活は宿坊の坊入りといわれる宿泊代と講社回りの初穂料でまかなわれ、家にあっては当主の権威は絶対的だったといいます。

例えば火地炉やこたつでの座る場所は、神霊や神棚の前を上座とすると、冬は当主が上座に座り、夏はその場所を客人にゆずり、当主は脇にずれて座り、対峙する位置が妻の席になっていたようです。また、火地炉があった時代は、主に煮物や汁物は火地炉で行い、竈でごはんを炊いていました。資料によると「家人や強力、手伝いの人たちはジャガイモ、カボチャ、ナス、ゴボウなどの野菜を入れたみそ仕立てのホウトウを大鍋で煮て、ごはんと一緒に夕食に食べることもあった。ホウトウはオカッテのおばさんが生地をこね、強力が生地を踏んだ」そうです。（『富士山吉田口御師の住まいと暮らし』p.54）

火地炉が住宅から姿を消すのは戦後のことです。それまでは、御師の家でも鍋で煮込むほうとうや薄焼き、おねり等が食べられていました。昔は夏に講社の方に出す食事と御師が自分たちで食べる食事を分けており、場面によりさまざまな食事がされていたと考えられます。現在は御師の人たちも同じものを食べています。

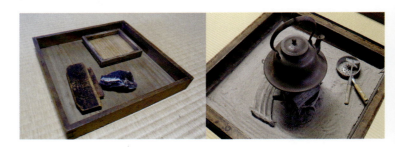

写真（左）火打石、火切（大国屋蔵）
（右）旧外川家住宅の火地炉。火地炉は生活の中心にあり、火地炉の火は絶やさず保ち、重要なものとして扱われました。

御師の家の一年

暦と節句

暦のなかった時代には、植物の成長や昆虫、鳥等の生き物を指標として自然を観察する自然暦に頼って生活をしていました。飛鳥時代になると月の満ち欠けによって月日を決定する太陰暦が利用されるようになります。月は平均29.53日で満ち欠けするため、大の月を30日、小の月を29日とし、1年を各6か月ずつの12か月で、1年間を354日か355日としています。ですが、正確には1年に約11日足りないため、約3年に1度の割合で閏年に閏月が挿入され、ずれを修正した暦が使われていました。太陽暦は旧暦明治5年12月3日を明治6年1月1日として施行されたため、行事が1か月早く行われることになりましたが、冷涼な気候の富士吉田では、風土に密接に関係する雛祭りや端午の節句、お盆、農業関係の行事は月遅れで行われています。そして、毎月1日と15日は休養日として講や神事が行われていました。本章では、季節に寄り添う御師の一年を行事とともにご紹介します。

富士北麓の自然と風土「冬」

富士山に雪化粧がみられるのは10月頃、市街地も標高700〜900mの高地に位置するため非常に寒冷で、冬には最低気温がマイナス15度前後と北海道並みの寒さになります。

節というのは季節のことで、平安時代より宮中では季節の変わり目である節日に、元日、白馬(あおうま)*、踏歌(とうか)*、端午、豊明(とよのあかり)*の節会(せちえ)が行われていましたが、江戸時代に幕府が式日として奇数の重なる日を厄日と考え、厄払いを行うための行事として五節句が定められました。奇数の重なる月日を厄日としたのは、中国伝来の陰陽五行説がベースとなっているためです。人々が集い穢れや厄をはらい、神霊にご馳走を供え（節供）、神とともに食事をする神人共食の特別な日として、宮中および武家社会、そして一般に定着していくことになります。あわせて、雑節が生活や農作業に示唆を与え、季節の移り変わりが感じられる行事として生活に根ざしていきます。

＜五節句＞
1月7日　人日（じんじつ）
3月3日　上巳（じょうし）
5月5日　端午（たんご）
7月7日　七夕（しちせき／たなばた）
9月9日　重陽（ちょうよう）

January – Mutsuki –

一月　睦月
歳神様　お供え

正月は春の始まり、新たな生命誕生の季節の到来を意味します。神様を迎えるために、御師の家では年末に歳神様＊の歳神棚（恵方棚）をその年の方角に移し、注連縄を張り、清浄な空間に穢れが入らないようにします。また12月25～28日には枯れることのない生命と清浄さの象徴である常緑の松の木を山から切り出して門松を立てます。三段あるいは五段に枝の出た松を飾り、中央に紙垂＊を垂らします。また神棚＊の中央には橙や昆布、杠や裏白、豆のさや、炭等を飾ります。

屋内、屋外のさまざまな神様、歳神様、竈の神様である荒神様、商売の神様であるえびす様、大黒様のほか、納屋や蔵、庭などにも鏡餅を重ねて積み上げて餅をお供えし、大晦日にごはんやそばを、元旦にはそれに大根等をお供えします。また、歳神様への供え物を食するということは、歳神様のご相伴に与ることであり、歳神様と喜びをともにすることなので、神酒も神棚からおろしていただきます。元日に歳神様を迎え入れて一つ新しい年をとることができたと喜び、新しい年がよい年になるように願いを込めて、「あけましておめでとうございます」と祝います。

写真（上・下）御師の家では大晦日にごはんをお供えし、元旦には雑煮の大根（にんじん等）をお供えし、三が日の間お供えを続けます。
（2番目）御師の家の門にしつらえられた門松。
（3番目）神棚。神札がおかれます。
（4番目）お供えされた歳神棚。

38

御神前にお供えされた鏡餅。
御神前や屋敷にある霊牌には
複数の鏡餅をお供えします。

January – *Mutsuki* –

一月　睦月
お節　雑煮　屠蘇

昔は、節の日に供える物を節供といいました。ご馳走を供え神人共食の特別な日を節日とし、節供を御節と呼ぶようになります。こうして、節日の中で最も重要とされる元日（正月）に出される料理がお節といわれるようになりました。御師の家でもお節はごぼうやにんじん、れんこんのきんぴらやなます、昆布巻き、れんこん、きんとん、田作り、黒豆などを三段重に詰めて神様に供えます。三が日は屠蘇（屠蘇散）を飲み、代々伝わる屠蘇器と盃を床の間に飾り、朝は雑煮、夜は白飯をいただくのが習わしです。雑煮は正月に家々に祀られる歳神様に供えた神饌（お供えした飲食物）を皆で食べる直会の料理です。御師の家では、雑煮にはどの家でも大根が必須です。煮干しやカツオ節と昆布でとっただしに、しょうゆあるいはみそで味つけをして、大根のほかににんじんや里芋、鳴沢菜等の青菜と、暮れに搗いた角餅を焼いて入れていただきます。

写真（上）お重（菊谷坊蔵）。お節は寛永から元禄の頃までお重に盛られており、その後硯蓋に移行しましたが、民間にはその古風が残ったとされています。その中身については、縁起物が飾られたり盛り込まれながら、次第に祝い肴や煮物などへと変遷をたどったとされています。御師の家ではごぼうのきんぴらが入っているのが特徴的です。
（右）御師の家のお雑煮。すましとみそ仕立ての家があります。

40

屠蘇
1年間の邪気をはらい健康長寿を願って正月に飲む縁起物の酒です。唐の『屠蘇飲論』によると大黄・蜀椒、桔梗、桂心、防風・白朮・虎杖・烏頭とあり、『本朝食鑑』(1697)、『和漢三才図会』(1713)では白朮・桔梗・蜀椒（山椒）・防風・肉桂・大黄・虎杖と記載があります。薬草の種類に多少の違いはあるものの、薬酒として明治以降にみりんに浸した屠蘇が飲まれるようになりました。現在は山椒・細辛・防風・肉桂・乾薑（しょうがの根茎を乾燥させたもの）・白朮・桔梗を用いるのが一般的です。

January – *Mutsuki* –
一月　睦月
七種祭（一月七日）

七種祭は、新しい年を迎えるにあたり、自然の芽吹きをいただく行事です。この日、冨士山北口御師団の御師は北口本宮冨士浅間神社に神饌を供え、お祓いを行い、社務所で直会を行います。この頃は大寒で寒い時期でもあり、古くは若菜摘み（野菜が少なかった時代に山野に自生する植物でビタミンやミネラルを補給する風習）があり、また平安時代の『延喜式』には、米・黍・稗・粟・蕈・胡麻・小豆の「七種粥」が供御の粥として15日に食べられていたとあります。中国・南北朝時代の年中行事が記された『荊楚歳時記』では正月7日を人日と呼び、「七種菜羹（吸い物）」を食べて無病息災を願

う行事の日とされており、それらが融合し七草の行事が日本でも行われるようになったと考えられています。御師の家では、七草粥のほか、餅を入れた小豆粥も食べられています。

この日に門松を外すため、7日までを松の内といい、昔はこの日に御師がお札を持って講社回りの旅に出たそうです。

鏡開き
鏡餅は三方に半紙を敷き、大小二つの餅を重ね、代々続くようにと橙をのせて飾ります。これを下げて開くのが1月11日、鏡開きの行事です。かたくなった鏡餅を木槌か手でたたいて開き、お汁粉などにして食べます。餅を割るではなく開くというのは鏡餅は正月に神様が宿るところと考え、切るという言葉を忌むためといわれています。またこの日は蔵開きの日で、新年最初に土蔵を開き蔵や家の各所に飾ってあった鏡餅も下げます。

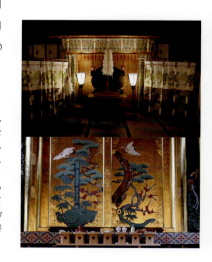

42

一般には芹、薺（ぺんぺん草）、御形（ははこぐさ）、はこべら（はこべ）、仏の座（たびらこ）、すずな（蕪）、すずしろ（大根）の7種の野菜ですが、まだ寒さの厳しい富士吉田ではすずな（蕪）、すずしろ（大根）、冬菜、水掛け菜をいただくことが多かったそうです。

January – *Mutsuki* –
一月　睦月
小正月　道祖神祭（一月十五日）

元日の大正月に対して、1月15日を小正月といい、小正月は旧暦では、新年最初の満月にあたり、大変重要な日とされてきました。この日歳神様を迎えるために用意した門松、注連飾りなど正月の飾りのものを集めて燃やしながら神様をお見送りするどんど焼きのお祭りが行われます。道しるべの神、縁結びの神、農蚕の神である道祖神様は、この火に乗って帰って行くとされています。神様を迎えれば、見送る行事も必要で、富士吉田では1年間さまざまな行事が行われ、その祭りの世話を行う世話人の最後のお勤めとしても重要な祭りです。上吉田では、上宿、中宿、下宿に分かれて、世話人の三種の神器で飾られたのぼりを盛大に立ててお祭りが行われます。一年で一番寒い祭事が行われたあとは、魔除けの鰯、温かいおでん、甘酒をいただきます。また、養蚕業が盛んになってからは、家内安全と織物の繁栄を願ってダンゴバラ（ナラの木）に糯米の粉で作った繭玉を床の間に飾り、この日にどんど焼きの火で焼いて食べ、虫歯にならないように、風邪をひかないようにと願いました。また、魔除けとして小豆粥やお汁粉をいただきます (p.128)。

写真（上右）ダンゴバラの枝に刺す繭玉は、とうもろこしや食紅で色をつけて作ります。繭玉のゆで汁は家の周りにまくと蛇よけになるといわれていました。

44

御師の家の一年　45

February – Kisaragi –

二月　如月(きさらぎ)
節分祭（年取り）

一年の始まりは冬。立春は第一節気で一年の始まりの日。

　節分は春夏秋冬の立春、立夏、立秋、立冬の前日、季節の変わり目を節分としていたものが、次第に立春の前日だけを節分と呼ぶようになり、一年の始まりとして節会の行事が定着するようになります。新しい年の始まりの前に邪気をはらう日として、宮中行事（追儺(ついな)＊）も行われ、古くから大切にされた日です。昔は2月3日の夕暮れに、柊(ひいらぎ)の枝に焼いた鰯の頭を刺して戸口に立て、悪霊を追い払う魔除けの風習でした。柊の木には刺があり、鬼の目を刺すのに都合がよく、鰯は焼いたときの煙の臭いが鬼を追い払うとされています。そして炒った大豆を「鬼は外、福は内」と唱えながらまき、最後に戸口にまいて鬼を追い払い、年の数だけ豆をいただきます。

北口本宮冨士浅間神社の節分祭では厄払いが行われます。神事が終了すると氏子が葦の茎に神の矢羽をつけた魔除けの矢を神楽殿から四方に射り、四方祓いを行います。その後、厄年の人が神楽殿から厄払いの豆まきを盛大に行います。

　世話人の初仕事は2月3日に北口本宮冨士浅間神社で行われる節分祭です。世話人となった人は、上吉田地区の各戸を回って節分祈祷の申し込みを受け付け、寄付を集めると同時に世話人就任の挨拶を行います。特に火祭り当日に神輿を担ぐ勢子役への挨拶が重要とされ、「勢子名簿」に基づいて三町の勢子のいる家々を回り、各戸に「勢子セット」と呼ばれるバケツ、たわし、ほうきの3点一組の生活用具を配ります。これらは上吉田の三町全体で約100組になるそうです。

二十四節気とは
生活や農業に用いられる季節の目安です。太陽の運行を基準に一年で最も夜が長い日が冬至、最も短い日が夏至で、それらの間をとって春分と秋分が定まります。春分と秋分は太陽が真東から昇り真西に沈み、昼と夜の長さが同じになる日です。夏至・冬至の二至と春分・秋分の二分を合わせて二至二分となります。それらの中間に立春・立夏・立秋・立冬の四立があり、二至二分と四立で八節。そしてこの八節が中気＊で三分割されて二十四節気となります。さらにこれを三つに分けたのが七十二候といわれる農事暦です。

＜二十四節気＞
冬至	12月22日頃	冬の最中日南下の極
小寒	1月 5日頃	寒気稍強し
大寒	1月20日頃	厳寒を感ず
立春	2月 4日頃	春の気始めて立つ
雨水	2月19日頃	氷雪溶け雨水ぬくむ
啓蟄	3月 6日頃	冬篭りの虫声を啓(ひら)く
春分	3月21日頃	春の最中夜昼平分
清明	4月 5日頃	草木清明風光明媚
穀雨	4月20日頃	百穀春雨に潤う
立夏	5月 5日頃	夏の気始めて立つ
小満	5月21日頃	陽気盛万物稍満足す
芒種	6月 6日頃	麦を納め稲を植う
夏至	6月21日頃	夏の最中日北上の極
小暑	7月 7日頃	やや暑熱を催す
大暑	7月23日頃	蒸熱酷暑を感ず
立秋	8月 7日頃	秋の気始めて立つ
処暑	8月23日頃	暑気退かんとする
白露	9月 8日頃	気界冷露白し
秋分	9月23日頃	秋の最中昼夜平分
寒露	10月 8日頃	気寒く露草重し
霜降	10月23日頃	霜結んで厳霜白し
立冬	11月 7日頃	冬の気始めて立つ
小雪	11月22日頃	寒く少し雪降る
大雪	12月 7日頃	天地閉塞雪降る

写真（左）柊の枝に刺した焼いた鰯の頭
（中）福茶：緑茶、みかんの皮、炒った大豆、辛皮（山椒の皮）に湯を注ぎ、煎じたものを飲みます。
（右）北口本宮冨士浅間神社の節分祭　で四方に矢を射る北口本宮冨士浅間神社弓道部

北口本宮冨士浅間神社は節分祭で厄払いを受け付けており、厄年にあたる人は厄をはらったあと、神楽殿から豆まきを行います。厄年は節分を区切りとして数え年で数えます。男性の厄年は数え年で25、42、61歳。女の厄年は19、33、37歳です。そして61歳になると暦が一巡して生まれ年の干支になるため、赤い頭巾やちゃんちゃんこを着せてお祝いをします。

富士北麓の自然と風土「春」

富士山の春は遅く桜の開花は4月の中頃。富士桜が咲き、胎内祭が行われる頃です。夏の間忙しい御師の家では、桜の花が咲く頃になるとちらしずしなどのお弁当を持って山に行く「お境参り*」が行われます。そして、山に辛夷の花が咲き始める頃にじゃが芋の植えつけが始まり、八十八夜には稲の苗代を作り、5月初旬の野ばらが咲く頃に粟、稗、そばをまき、富士山頂に残る雪が農鳥の形になるととうもろこしをまき、雪の角がとれて卵型になる頃に大豆、芋を植えたそうです。

<雑節：3～8月>
二十四節気・五節句以外の季節の節目となる日で、生活や農作業に示唆を与え、季節の移り変わりをより的確につかむことができるのが節分などの雑節です。「暑さ寒さも彼岸まで」の言葉どおり、「彼岸」は季節の変わり目に行われる仏教上の行事で、春彼岸と秋彼岸があります。

3月　春彼岸：春分の日を中日とする7日間。先祖の霊を供養する日。
　　　春社日：社日は春分に最も近い戊の日。
　　　　　　　五穀の種子を供えて豊作を祈ります。
4月　春土用：立夏の前の18日間。
5月　八十八夜：立春から数えて88日目。茶摘み、苗代のもみまきの時期。
6月　入梅：梅雨に入る頃。
7月　半夏生：夏至から11日目。田植えを終える時期。
　　　夏土用：立秋の前の18日間。夏土用の丑の日に鰻を食べると夏バテしないといわれています。

March – *Yayoi* –

旧暦三月（四月）　弥生
雛祭り

水がようやくぬるむ頃、月遅れの4月3日（旧暦3月3日）に、女の子がいる家では嫁の実家から贈られた雛人形を飾ります。上巳の節句が雛人形を飾る女の子の節句になったのは江戸時代。平安時代までは厄除けのために人形を流したり、母子草*を入れた餅を食べる習わしがあり、母子草が次第によもぎにかわっていったといわれています。よもぎはキク科の多年草で、葉の香りが災いや邪気をはらうといった伝承から5月の節句などにも使われます。

雛壇に供える菱餅は、食紅で染めた赤い餅と白餅、よもぎを混ぜた緑餅を加えて3色にしたり、さらにとうもろこしや粟を混ぜた黄色い餅を作って4色にし、上に行くほど小さくした四方転びというお餅を作って神様にお供えし、女の子の厄をはらったそうです。御師の家で飾られる場所は主屋の座敷の床の間でした。昭和に入ってからは裏座敷の広間など、家々で異なっていったようです。

また、御師の家では3月3日を女の正月といい、道で会えば「おめでとうございます」と挨拶し、お境参りといってすしなどを詰めた重箱やお酒を持って、泉瑞や中の茶屋、二合目まで行き、注連を切ってそこに張り、富士山を遥拝してからお弁当をいただいたそうです（『上吉田の民俗』p.250-51）。そして4月も半ばになると桜がほころび、ようやく富士吉田にも春が訪れます。

菱餅
一般的には3色の菱餅が知られていますが、これは明治時代以後のようで、地方によってさまざまです。この地方では、黍餅を加えて4色です。初節句には雛人形と菱餅を飾ります。

雛人形
中国では3月最初の巳の日に川で身を浄めるという行事があり、日本では人形に災厄を背負わせて水に流すという行事が合わさり、「巳の日の祓」となって、穢れや災いを「人形」に託す風習ができたといわれています。

April *Uzuki*

四月　卯月
胎内祭

胎内祭はもともと秋に行われていたものが春に移動し、現在のように毎年4月29日に行われるようになりました。胎内には寄贈された龍神の御神鏡が祀られていましたが、現在は御師の家に保管されています。胎内は原則非公開ですが、胎内祭の日だけ内部を見ることができます。

吉田胎内樹型は富士山を訪れる修行者たちの祈りの対象となっています。承平7年（937）の富士山噴火の際に溶岩が流出し、いくつもの樹木が重なり合って複雑な溶岩樹型がつくられました。胎内は樹型内部の形状から女性の胎内に例えられ命名されたものです。御師や富士講の講社たちによって守られ、周囲に点在する60以上の樹型を含め吉田胎内樹型群は国の天然記念物で、世界文化遺産である富士山の構成資産に指定されています。この日、神事の直会で食べられるのが稲荷ずしとのり巻きです。のり巻きは、昔は特別な日に食べられたものでした。干瓢の細巻きが一般的ですが、このあたりでは八頭の茎（ずいき）を煮たのり巻きも食べられていました。また、よもぎまんじゅうや団子を神饌として献供し、家でも作って食べています。

御師の家の一年　53

May – *Satsuki* –

五月　皐月
初申祭

伝説によると、第6代孝安(こうあん)天皇92年に、それまで雲霧に包まれていた富士山が姿を現し、その年が「庚申(かのえさる)」*の年であったため、古くより申の年、申の日に祭礼が行われてきたそうです。特に庚申の年は祝福すべき年として寛政12年（1800）や万延元年（1860）の「庚申御縁年」のときには登山期間が旧暦の4月から8月まで延長され、登山前の100日間にわたるお清めも免除され、女性も四合五勺まで登れたそうです。「初申祭」は、御祭神が農耕（特に養蚕）に対するご加護が篤いため、農耕が始まる時期に例祭が選定されたと考えられています。以前は旧暦4月の最初の申の日と定められましたが、4月最初の申の日では毎年日が一定しないため、明治42年より5月5日と定められ、北口本宮冨士浅間神社の例大祭として今に続いています。この日は神楽も奉納され、吉田のうどんや黄な粉餅等が露店に並び、参詣者も多くにぎやかです。

三猿（さんざる、さんえん）は、口に手を当てる猿、目をふさぐ猿、耳をふさぐ猿と並びます。日枝社の御神体で初申祭の際に御開帳されます。木花開耶姫が富士山に登頂した際にこの三猿に助けられて登頂した言い伝えがあり、そのときにこのことは誰にも「言わない、聞かない、見なかった」ことにという命に従ったといわれています。

御師の家の一年　55

June – *Minazuki* –

旧暦五月（六月）　水無月
端午の節句

緑の葉が最も美しい６月。端午の節句には菖蒲や柏をはじめ自然風土が密接に関わっています。端午は、「はじめ」の意の「端」と十二支の「午」からなり、「月の初めの午の日」のことをいいます。柏の葉は新芽が育つまでは古い葉が落ちないことから「子孫繁栄（家系が絶えることなく続く）」の縁起のよいものとされ、また器のルーツとして葉の椀（くぼて）、葉盤（ひらで）等として神饌にも登場する植物です。御師の家では、庭に柏の木を植えているところも多く、富士吉田では柏の葉が出てくる６月に１か月遅れで端午の節句が行われます。かつて柏をはじめ、梶、桐、蕗、蓮、里芋等の大きな葉は調理に使われていました。料理を包んで熱灰に埋めて焼いたり蒸したりすることを炊ぐ（かし）といい、それがなまってかしわとなり、柏餅はその名残といわれています。柏餅は平たく丸めた粳米の（上新粉）の餅を二つに折り、間にあんをはさんで柏の葉で包んだ和菓子で、端午の節句には欠か

（写真左）菖蒲とよもぎ。
（写真右）菖蒲の花。富士山の菖蒲はこの頃が見頃。

せない行事食です。こうした風習は江戸時代の寛永の頃からで、当時の柏餅は小豆ではなくみそが用いられたといわれています。また、菖蒲とよもぎには古くから邪気をはらう力があるとされ、屋根に4〜5か所のせて屋根葺きの行事をします。邪気をはらい家の中が清浄であることを示す風習です。

御師の家では甲冑や、甲冑の人形を飾ります。特に5歳の男の子の端午の初節句は盛大に祝われます。また雑節で八十八夜にあたるのがこの頃で、立春から数えて八十八夜目に新芽を摘んだ新茶と柏餅をいただきます。
写真（左上）上文司蔵（右）大鷹丸蔵

御師の家の一年　　57

富士北麓の自然と風土「夏」

富士吉田の夏は過ごしやすく、気持ちのよい時が流れ、開山祭が行われると夏の本格的な始まりです。

七夕
七夕は収穫祭と盆迎えの行事です。江戸時代の農事暦七十二候には「麦秋至」とあり、麦や雑穀の収穫が夏の初めに行われます。また7月7日の夜、神を迎えるために水辺に棚を作って乙女が機を織り、天の川の両岸の「牽牛星」と「織女星」が年に1度会える日です。織物がうまくなるように婦人たちが祈る風習として奈良時代・孝謙天皇の時代に宮中で行われ、次第に民間に伝わりました。

盆
先祖の霊を迎える儀式は、仏教伝来の前から「御霊祭り」＊として存在し、推古天皇の時代（606年）に、僧尼を招いて食事（斎食＊）をし、仏事を行う斎会＊が催されており、これが盆の原形といわれています。富士吉田ではひと月遅れで8月13日の「迎え盆」から16日の「送り盆」までを盆とします。盆は仏教の「盂蘭盆会」＊を略した言葉で、祖霊を死後の苦しみから救うための仏事で、釈迦牟尼の十大弟子の一人である目連は、「餓鬼道」に落ちた母を救おうと懸命に供養します。ここから、盆とは先祖の魂を迎えて慰める行事となっていったといわれています。

July – Fumizuki –

七月　文月
開山祭（山開き）

開山前夜祭は毎年6月30日に金鳥居から吉田口登山道入口の北口本宮冨士浅間神社まで練り歩き、神社で大祓いの茅の輪くぐりを行う神事が執り行われ、太々神楽講の長が手力男命(たぢからおのみこと)になって「オミチビラキ」といわれる登山口の注連縄切りを行います。翌7月1日、神社の裏手にある大塚丘(おつかやま)では、冨士山北口御師団により大塚丘開山祭とお境参りが催されます。この日、富士講の方々は富士山の五合目の小御嶽神社で祭礼を行ってから大塚丘に集まります。富士山に感謝し富士登山の無事を祈って御焚き上げが行われ、御師によりお神酒、じゃが芋とひじきの煮物、お赤飯が振る舞われて直会が行われます。

このあと、富士講の方々は馬返しの禊所（オハライサン）に集まり大日如来像に祈りを捧げます。この禊所は大正期に信仰登山者がお祓いを受け、身を清めて山頂を目指したことからオハライサンと呼ばれ、この先は富士山の聖域とされていました。

写真（左）大祓いの茅の輪くぐり
本来は旧暦6月1日が開山祭で、同月晦日が大祓いの日（水無月祓い）だったため、境内には大きなすすきの輪が作られ、右回り、左回りと繰り返して8の字に回り3回くぐり、これをくぐると身体の穢れがはらわれるといわれています。ヒトガタの人形を受けて自分の名前を書いて厄払いを行い、古い人形とともに御焚き上げも行われます。

（右頁上）大日如来像
一合目は大日如来像を祀り鈴原大日堂と呼ばれていました。大日如来像はこの日だけ特別に拝むことができます。
（右頁中段左）富士講・神道扶桑教の開山祭：毎年6月に行われます。御師が四方に矢を放ち、御焚き上げの神事が行われ、祝い餅が振る舞われます。
（右頁左下）お供えの「お赤飯とじゃが芋とひじきの煮物」

（右頁中段中）大塚丘
大塚丘は北口本宮冨士浅間神社の起源の地であり、人皇12代景行天皇40年（110年）日本武尊が東征の折にこの丘に立ち寄り富士山を遥拝し、「富士は北の方より拝せよ」の詔（みことのり）を発せられたと伝えられている場所です。
（右頁下段右）馬返しでの御焚き上げ

開山祭　禊所（オハライサン）

御師の家の一年

August – *Hazuki* –

八月　葉月
吉田の火祭り（鎮火祭）

吉田の火祭りは日本三大奇祭の一つとされ、木花開耶姫の古事に由来する北口本宮冨士浅間神社と境内社＊（摂社）である諏訪神社の両社による例大祭です。毎年8月26日の「鎮火祭」、翌8月27日の「すすき祭り」と2日間行われます。8月26日の午後3時半、北口本宮冨士浅間神社で本殿祭を行い、浅間神社の御霊代＊（御神体）を諏訪神社へ移す御動座祭をします。その後、両社の御霊代を神輿に移しますが、明神型の神輿には諏訪と浅間の御霊代を移し、富士山型の神輿には浅間の御霊代のみを移します。神輿は諏訪神社の前の高天原（神輿の発着所）におかれたあと、午後5時に氏子たちに担がれて富士道にお出ましになり、御旅所に渡御し御旅所祭が行われます。御旅所への到着と同時に、金鳥居〜富士道〜北口本宮冨士浅間神社にかけた約1kmの沿道に立てられた高さ約3mにもなる結松明70〜80本と、各家で作られる井桁状に組まれた井桁積松明に次々と火が点され、吉田口登山道に沿った富士山の山小屋でも一斉に火が焚かれます。さらに御旅所では太々神楽が奉納され、お参りに来た人たちにお神酒が振る舞われ、上吉田の町は夜遅くまで大いににぎわいます。毎年富士講や御師、地元の人々が一体となって行われており、平成24年（2012）に山梨県内で3件目となる国の重要無形民俗文化財に指定されています。

写真（左）御絹垣：神職が取り囲み御霊代の移動を行います。
（左から2番目）結松明に火を点す堀内茂富士吉田市長。
（右）御旅所祭：昔は108膳分の献饌物が御師団によって用意されていました。写真は御旅所のお神酒

御師の家の一年　63

August - Hazuki -
八月　葉月
すすき祭り

8月27日午後1時、御旅所で出立祭が行われ、神輿は御旅所から金鳥居まで下り、ひと休みして、富士山駅まで行って折り返し、金鳥居祭が行われます。その後、御旅所、上吉田交差点で休みをとりながら諏訪神社に向かいます。古くは、諏訪神社の祭礼であったため、富士山型の神輿は、明神型の神輿の先には行かず、あとからついていきます。沿道の家々では、ひと休みの際に飲み物や、梨などの果物を用意し、担ぎ手の勢子に振る舞って労います。そして、諏訪神社手前の御鞍石で明神神輿をその石に据えてオミクラ祭を行い、世話人が提灯を持って合図を出すと境内の高天原に2つの神輿がそろい、ぐるぐると回り、そのあとをすすきの玉串を持った近隣の人やお参りの人たちがあとをついて一緒に回り、クライマックスを迎えます。高天原祭のあと、諏訪の御霊代を戻す諏訪神社還幸祭、浅間の御霊代を戻す本殿還幸祭が行われます。すべての祭事が夜8時頃終了し、富士講の方々は御師の家で食事をします。そうして富士山の短い夏に別れを告げます。

富士北麓の自然と風土「秋」

富士山の夏は短く、吉田の火祭りが終わると秋の気配が感じられます。秋は、先祖の霊を供養し、一年の実りをお祝いし感謝する季節です。秋彼岸にはお墓を掃除し「迎え団子」を供えます。収穫を感謝しながら彼岸の7日目には「送り団子」としておはぎをお供えして、お墓参りのあとに食します。

＜雑節：9〜2月＞
9月　二百十日：立春の日から210日目。稲の開花期。
　　　台風の上陸時期。
　　　二百二十日：立春の日から220日目。
　　　秋彼岸：秋分の日を中日とする7日間。先祖の霊を供養する日。
　　　秋社日：秋分に最も近い戊（つちのえ）の日。
　　　初穂を供えて収穫を感謝します。
10月　秋土用：立冬の前の18日間。
1月　冬土用：立春の前の18日間。
2月　節分：立春の前日。旧暦で一年の最後の日。
　　　立春を迎えるために邪気をはらいます。

September – *Nagatsuki* –

九月　長月
十五夜　十三夜

お月見はもともと中国の行事で、唐の時代に盛んに行われ、それが日本に伝わったのは奈良から平安時代にかけてのことです。醍醐天皇が「月見の宴」を催したのが最初とされ、庶民の間では江戸時代から。十五夜は旧暦の8月15日に「月」を見ながら感謝や願いをする行事で、この日の月は「中秋の名月」「十五夜」「芋名月」とも称されます。

旧暦の8月15日頃が十五夜で旧暦の9月13日頃が十三夜。月の見える縁側に台をおき、団子や果物を供えます。団子は、十五夜には15個、十三夜には13個供えます。一緒に供える果物は、十五夜には栗、十三夜には柿、野菜、芋等です。また、すすきは十五夜には5本、十三夜には3本を、十五夜花といわれる野菊と一緒にいけます。夜、子供たちは竹槍を作って庭に忍び込み、供物の団子を突き刺して取って回ったといいます。盗まれたほうが縁起がよいといい、縁側の戸を開けておいたそうです。また、片身月はよくないといい、十五夜を祝えば十三夜も祝ったそうです。

October – Kannazuki –

十月　神無月
えびす講

恵毘壽社は北口本宮冨士浅間神社の境内社で、大国主神(おおくにぬしのかみ)と事代主神(ことしろぬしのかみ)を祭神とし、神事が毎年10月20日と1月20日の2回催されます。神無月に出雲に赴かない「留守神」とされたえびす*神ないし竈神を祀り、一年の無事を感謝し、五穀豊穣、商売繁盛を祈願します。御師の家では、台所のえびす像・大黒天*像を座敷に出し、海の幸、山の幸、塩、お神酒をお供えします。尾頭つきの魚、柿なます、おこわ飯（赤飯、芋おこわ等）、汁を膳にのせて、えびす様と大黒様に2膳供える家もあったそうです。主菜には秋が旬の尾頭つきの秋刀魚を焼い

たり、魚飯などにしていただいたそうです。近年は、北口本宮冨士浅間神社に富士講の方々も集まりにぎやかに祈願が行われ、祝詞の奏上のあと、社務所で直会を行います。えびす講では餅を搗いてお汁粉を作る御師の家もあります。

写真（上）恵毘壽社の御神体
（中上）北口本宮冨士浅間神社の本殿裏手の恵毘壽社。富士講員、氏子が参列し、笙が奏でられる中で神事が執り行われます。
（中下）旧暦9月22日の根の神社のお祭りで神社近くの4戸が集まって飲食の行事（オヒマチ）をしました。尾頭つきの秋刀魚に野菜のごった煮を食べ、神社にあげた飯（御供）を皆に配ったそうです。
（下）根の神社
（左）ふじさんミュージアム敷地内の紅葉

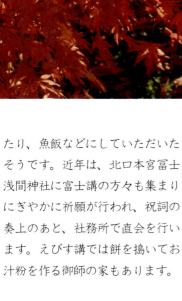

御師の家の一年　71

November – Shimotsuki –

十一月　霜月
新嘗祭

新嘗祭(にいなめさい)は古代より続く宮中祭祀の一つの大祭で、現在も行われています。明治以降は11月23日に天皇が五穀の新穀を天神地祇(てんじんちぎ)に勧め、また自らもこれを食し、その年の収穫に感謝する行事です。

またこの時期は日が一年で最も短い日で、冬至を境に日が長くなり始めることから、復活・再生の意味もあり、次の年の豊かな生命の再生、豊穣を祈る行事と考えられています。

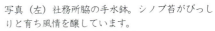

写真（左）社務所脇の手水鉢。シノブ苔がびっしりと育ち風情を醸しています。
（上）色とりどりに紅葉した木々。
（中）たわわに実った渋柿。これを干して干し柿を作ります。
（下）新嘗祭の神饌

御師の家の一年　73

December – *Shiwasu* –

十二月　師走
年末　年越しの餅搗き

師走の慌ただしさに追われているうちに冬至も過ぎて年末となり、正月を迎えるための行事が続きます。年末には煤払いといって大掃除をして室内をきれいに清めます。昔は強力やお手伝いの人たちが一家総出で行い、御師は昼食にご馳走を振る舞い、これが子供たちの楽しみだったそうです。また、正月飾りやお供えをする日としては、29日をクンチ餅、31日を一夜飾りといって忌むため、どこの家でも26～30日に家中の神様に供える餅を搗き、お飾りをととのえます。御師の家では、お鏡（餅）、お供え（餅）等を神仏に供えるために少なくとも10～15個は作るため、近隣の人や一族が集まって作っていたそうです。また、御神前の古い幣束*を下げて新しい幣束を供えます。

大晦日に食べる年越しそばは、江戸時代初期以降「寿命が延びて縁起がよい」とされ、どこの家でも大根、にんじん、芋などの野菜の煮物とともに食べたそうです。また、富士吉田では歳暮の品としては塩鮭が一般的だったそうです。

大晦日は月が隠れ新月となり、太陽と月と地球が一直線になる前日で、一年の最後の日です。北口本宮冨士浅間神社では穢れをはらうための「大祓い」を行い、紅白の人形の色紙に名前と年齢を書き、神事のあとに焼いて一年の身の穢れや災厄をはらい、新しい年の実り豊かさを神にお祈りします。

屋敷内で正月にお供えをする神仏と場所
御神前：御師の家の最後部に位置する御神殿で祀られている富士山の神。
大神宮：御師の家で居間の神棚に祀られる。神棚には浅間神社、諏訪神社、根の神社、山の神社、秋葉神社、小御嶽神社などの神札が祀られている。
歳神様：御師の家で暮れに必ず飾る歳神棚に祀られる。この棚は、正月の間だけ歳神様を祀るための棚。
霊璽（れいじ）：神葬祭をする御師の家の居間にはミタマヤがあり、先祖の霊を祀っている。先祖を祀った位牌をレイジンサンという。
えびす様・大黒様：えびす大黒棚に祀られている。
荒神様：台所やお勝手に火の神、竈の神として各家で御幣をきって祀っている。
水神様：台所の水道や水場、裏の川の縁に祀られている。
山の神様：御師の家では石の御神体を祀っているところもある。
仏様：仏壇にお供えをする。
稲荷様：屋敷の裏や庭に祀られている。大鵬丸の屋敷には魂森稲荷があり、昔は近隣7軒で稲荷講を行っていた。

写真（上）年・月・日別に神が配置された三幅対の掛け軸の一つ（上文司蔵）
（下）年越しそば
（右頁）筒屋の御神殿

先達さん
齊藤先達さんの話

笑いながらにこにこ登るのが基本

神奈川県三浦市から電車で来たという先達＊は御年86歳（平成30年時点）。きっかけは20歳のときに患った複雑骨折。骨髄炎になり「歩けなくなる」といわれ病院に入院して手術。約10か月後の12月4日に退院をしたときに生まれ変わっていたそうです。「それからは食行身禄の教えを守ってボランティア精神を発揮し、みんな仲よくしなければいけないと考え、農家の多い三浦半島で、春になると田起こし、田植え、秋には稲刈り等の近所の手伝いに励んだ。ところがだんだん住宅が増えて、親戚の家と家との間にも他の住宅が増え、次第に親戚同士の関係も遠くなり、富士講に入る人も少なくなって疎遠に。けれども『来るもの拒まず去る者追わず』強制をしないのが信条で続けてきた」激しい御焚き上げの行のあとでも、「笑いながら登らないといけない」といつもにこやかな笑顔でうれしそうに話をされました。

「富士講は生業が別にあるから忙しいが、20歳の頃は15の講社の世話をしていた。6月30日は前夜祭に来て、7月1日は東京の富士講で遥山祭り（現在は6月）、開山祭が終わると慌てて帰っていた。交通は今ほど便利でなく、貨車に乗っていたから新宿から2時間。三浦から小魚の鯵を背負って行くと、『海の魚が来たよ』という感じで料理を出してもらった。そのほか、1泊するのに1人2合の米とお酒も持参と決まっていた。食事はごはんと汁、海の魚と地元の野菜というような献立だった。夏の終わりの頃になるとほうとう等も出て、登山のときのお弁当にはおむすびに沢庵と梅干し。これが重いものだから、強力に『お腹空いたろ』といわれて二合目で早々に食べさせられ、山小屋では飯炊きの上手なおばさんに世話になった。そして、下山した夕食には鮒や山女、鮎などを食べたよ」と、しっかりとした口調で、顔をほころばせながら懐かしそうに語ってくれました。

齊藤義次（さいとうよしつぐ）
1931年生まれ、神奈川県横須賀市在住。公務員を長く続けながら富士講丸伊講の先達を務める。富士山信仰の道に入り70年余り。富士山へは45回登拝。齊藤先達を慕う仲間たち（発起人：田中祐二）により2018年10月20日に定宿の筒屋に「顕彰碑」が建立された。

御師のおもてなし
～基本献立～

和食の伝統と御師料理

日本の食文化の歴史は、平安時代の大饗料理に始まり、中国の影響から離れた室町時代に本膳料理の様式が形成されたとされます。その後、茶の湯の隆盛に伴い精進料理の影響を受けた懐石料理＊が成立し、さらに江戸時代には料理屋の流行により会席料理＊の形式が成立し、各地域の食文化をとり入れて豊かな日本独自の食文化が構築されていきます。本膳料理は武家の正式な膳として大名や公家の儀式料理として成立し、何膳も並ぶ儀式的な要素の強いものでしたが、本膳に二の膳がつく形式が定型化し、江戸時代には冠婚葬祭等の儀礼料理として一般にも広がります。懐石料理は禅宗と結びつき、精進料理の技術をとり入れ、茶の湯を中心に確立された形式で、お茶をおいしくいただくための食事として確立し継承されます。会席料理は江戸時代以降に宴会料理として、本膳料理が簡略化され、酒の肴の並ぶ、コース料理として形成されます。御師料理は、場面（ハレとケ）と季節（夏と冬）に合わせて、こうした和食の伝統がとり入れられ形成されています。

御師のおもてなし
朝食　登り膳

登山の朝、富士講の方々は、5時に起床し、6時か7時に朝食をいただき、北口本宮冨士浅間神社にお参りしてから、神社の脇にある登山道を徒歩で富士山頂に向かいました。「朝食の膳はサバやイワシの焼き魚、生卵あるいは卵焼き、海苔、漬物、白米飯、みそ汁が多く（中略）そのほか小魚や昆布の佃煮を出す御師の家あり」（『上吉田の民俗』）とあり、戦前は、朝5〜7時に出発すると、馬返しで休息し、三〜四合目の山小屋で昼食をとり、七〜八合目の山小屋に宿泊します。翌早朝に登頂し御来光を拝み、山頂でオハチ巡りをし下山する行程だったそうです。

ある日の朝食の献立を再現しました。「白米、夕顔のみそ汁、漬物（沢庵漬け、きゅうりのぬか漬け）、鰯の焼き魚、卵焼き、大根おろし、紫花豆、オクラとみょうがの和え物」。日によって魚は塩鯖や鯵など、卵は生卵や目玉焼き、和え物は季節によって変わります。（作り方 p.122、124）

外川家の朝食のしつらえは、主に30cm四方の折敷、漆塗りの椀、有田焼の磁器製のお茶碗、焼き物皿、漬物用の手塩皿等で、器は各講社の方の寄贈によるため、講社によって使用する器が異なり、寄贈した講社の名前が入っています。江戸末期から大正期の器が残されており当時の様子を伝えてくれています。

御師のおもてなし
昼食　お弁当　おむすび　餅

御師の家で働く女性たちは夜8時から9時の間に夕食をすませ、「その後すぐに、翌日の弁当作りに取り掛かった。握り飯用の御飯を炊き、皆でムスビを作った。弁当作りが終わり、翌朝の米をとぐと12時を過ぎていた。夜食に、醤油をつけて握ったおこげのムスビを食べたが、これがおいしかったという」「登山に持っていく昼飯には、梅干し入りのムスビ（握り飯）を用意した。一人2個のムスビにキャラブキやタクアンを添えて経木で包んだ」（『富士山吉田口御師の住まいと暮らし』p.51、54）。ひじきと油揚げを添えた御師もありました。戦前は山小屋で食事が出されなかったため、持っていった「力餅・登山餅」を火地炉で焼いたり、みそ汁に入れて食べたそうですが、戦後になって御師の家によっては、塩鮭、じゃが芋とひじきの煮物等も用意したそうです。

「戦後しばらくは朝7時に家を出て、お弁当をだいたい三合目、昼食堂と呼ばれるみはらし茶屋（富士五湖と泉瑞湖、志礼湖、明見湖が眺望できる）で食べ、七合目の山小屋に宿泊。まずお茶を出して、きゅうりもみをつまみながら日本酒を召し上がっていただき、にんじんと油揚げがのっている煮干しだしのうどん、それにお祝いなので、お赤飯（おこわ）。それらを本膳の折敷にのせ、二月堂机に並べて出していました」（元山小屋の斉藤賢一郎氏（なべ屋さん）の話）。現在は五合目までバスで行き、小御嶽神社で昼食をとり、七合目の山小屋で夕食をとって宿泊、翌日早朝、頂上を目指して登頂し、御来光を見て下山。五合目でバスに乗り、御師町に戻ってもう一泊されるか、そのまま帰る方が多いそうです。（作り方p.122）

強力*の活躍
昭和39年までは、背負子でお弁当等の荷物を背負い講社の人のお供をする強力が活躍しました。昼食の餅搗き等の力仕事や、夏山以外にもみそづくり、梅干し漬け、山菜採り、講社の出迎え、足洗い用のたらいの用意、風呂焚きのお世話等、こまごまとした仕事を行い、講社と御師の家を支えていたそうです。戦前の御師の家では、夏山シーズンになると、強力、お勝手のおばさんと呼ばれた手伝いの女性、バンチャンと呼ばれた料理人、嫁ぎ先から戻った娘や親戚など多くの人が出入りし、皆でおもてなしを行っていました。戦中、戦後は家人が中心となり、次第に一家総出となります。右写真の弁当箱は上文司蔵。

80

「戦前は木製の弁当箱に白飯をつめて、5種のおかず、キャラ蕗と沢庵のほか、干ぴょう、椎茸、昆布の煮物を持っていった。サイズは小さ目である。夜、強力が餅を搗いて餅を作り切って持っていくこともあった。『力餅』と呼ばれた。」(『上吉田の民俗』)

御師のおもてなし

御師のおもてなし
夕食　基本の膳

古くは江戸時代の紀行文『富士の道の記』（東都深川隠商松露園礎山覚書）の中に、天保14年（1843）文月（現在8月7日頃）に、ふだんは仙元（浅間）坊を定宿としていた筆者が、道中で一緒になった人たちとともに外川家に宿泊するくだりが記されています。江戸から甲州道中を馬で2日かけて到着したところ、当主である御師、外河能登守が「札などの口上を述べ、『何もございませんが、お神酒を一つ召し上がってください』と吸物・三ツもの（口取・刺身・焼肴の三品）取まぜて、広ぶた（大形の盆）にのせて差出し（中略）手代が酒の器を下げると、続いて膳が並びます。」（「MARUBI 富士吉田市民俗博物館だより」vol.36）とあります。本膳の形式は江戸以降、次第に形を変えていきますが、時系列で提供される会席料理とも、懐石料理とも異なる、格式を意識した食事様式が御師料理の基本の形として継承されていたと考えられます。お神酒と酒の肴を充分いただいたあと、銘々膳にごはん、汁、お菜が並ぶ伝統的な一汁三～五菜の本膳料理の形式を基本にした食事様式でもてなしていたのでしょう。各御師の家には本膳料理*に使用されるお膳や、江戸から大正頃とされる古いお膳や折敷、椀や器類等が数多く残っています。

そして、用意される料理については「講社の食事には四足（四つ足の動物）は出してはいけないとされ、厳しい講社は精進料理を出すことが守られていたそうです。また、御師の普段の食事も川魚と野菜だけだった」（『上吉田の民俗』p.199）とあるように、富士講の方々が登頂される際の食事は、精進潔斎*の考え方が基本にあるため、一般に四足は除き、消化がよく、滋味に富んだ料理にしたと考えられます。大正、昭和頃になると「海の魚、川の魚、野菜の煮物、野菜の酢の物、夕顔のあんかけ、白米飯、みそ汁、漬物や、春にはわらびなどの山菜を入れた野菜飯をだすこともあり、みそ汁の実は豆腐に葱、そうめんやそばをだすこともあった」（『上吉田の民俗』p.199）と変化していったと考えられます。（作り方 p.121、124）

江戸と明治期の二つの太々神楽の際の献立から料理をいくつか取り上げ、『富士の道の記』を参考に江戸末期から明治の料理をイメージし、また現在も御師の家で出されている品数と内容を考慮し、一汁五菜の形式で再現してみました。これにお神酒と酒の肴がつくと、江戸時代に出されていた食事ということになります。江戸時代は、一汁五菜の場合は二の膳は平膳で、二汁五菜では二の膳は足つきの宗和膳等が用いられますが、現代風にアレンジしました。そして、明治、大正の頃から、焼き物に代わって揚げ物が献立に入るようになっていったと考えられます。

●一汁五菜の膳（古文書ママ）
本膳（一の膳）
白飯
みそ汁：豆腐、椎茸
香の物：奈良漬
膾（お刺身）：鮪、ケン（白瓜）、ツマ、クラゲ、三島のり、岩茸
平（煮しめ）：干瓢、結び昆布、椎茸、新ごぼう、はす
焼き物膳
焼き物：鮎の塩焼き、しょうが
二の膳
猪口（和え物）：豆腐、牛蒡、木耳、もやし
煮染：干瓢、火取魚（鰤幽庵焼き）、ぜんまい（こごみ）
※火取魚は塩で焼いた魚を意味しますがここでは幽庵焼き、添えをこごみとしました。
※江戸時代には、煮物は坪（蓋のある深い器）も用いていました。

写真（下）磁器の皿とガラスのすだれ（江戸末期～明治時代のもの）
（右頁）ある日の夕食の献立。栄養計算をしてみると、適量の糖質と高たんぱく質、低脂質で、栄養豊富でP.F.Cのバランスがよいことがわかります。

御師のおもてなし
祝いの膳　富士山の鯉

鯉は滝を登り龍になるとの言い伝えから、縁起のよい祝い魚として江戸時代には随分と食卓に並んでいた魚です。富士吉田では、沿岸部からやって来た人には鯉は珍しさもあり大変に人気で、「鯉は特別で、退職したお祝いのときは浅間坊さんで特別に鯉こくを作ってもらったよ」という先達の話からも、つい最近まで祝い魚として食べられていました。バンチャンと呼ばれる料理人がいた頃までは、夏山シーズンになると鯉を大量に購入し、富士山の雪解け水をヤーナ川（間の川）から引き込んだ池に放って充分に泳がせ、臭みのない鯉を自家製熟成みそで煮込んだ鯉こくや鯉の洗いで提供して講社の方に大変喜ばれたそうです。

写真（上）衝立に描かれた鯉（堀端屋・小佐野家蔵）
（下）鯉こくを盛っていた高蒔絵のお椀等（槙田蔵）

鯉の洗い
お刺身にして少し湯をかけてプリッとさせてから冷やします。大皿に盛られて出され、お祝いの魚として戦後も多く食べられた料理です。

御師のおもてなし
太々神楽の献立　取り肴

富士講では富士山に33回登頂した記念や10年を節目に太々神楽を奉納し盛大に祝います。その際の食事は、本格的なしつらえで大名家の献立にも劣らぬ豪勢な本膳形式の料理を提供しています。本膳料理は「式正料理」ともいい、正式には式三献*という酒のやりとりで始まり、引き渡し膳、雑煮膳、吸い物膳等が出され、その後、飯、汁と三つの菜がのった本膳、さらに二の膳が並びます。この本膳料理は大饗料理*の流れをくみ、精進料理の調理技術が加わり本格的な和食が成立したとされています。

饗応が3夜連続して行われる風習もあり、1819年の太々神楽献立の記録からは9日に到着後、神楽の奉納を含め11日まで連続して行われた様子がうかがわれます。

料理の内容としては、鰹、泥鰌（どじょう）、鮑、鱸（すずき）、鯛、鱈、鯨（くじら）、鮪、鮎等の魚鳥に、れんこん、白瓜、ごぼう、干瓢、松茸、椎茸、昆布、川のり等があり、特に海魚・川魚が豊富で、鯨も並ぶなど種類が多く、膳部は二汁五菜に取り肴がついた献立内容となっています。

（作り方 p.121）

硯蓋（鮑　寄せくるみ　巌石卵　本海老　れんこん　川のり）
硯蓋は江戸時代中期に出現した料理で、漆の硯箱の蓋に料理を盛り合せて、取り回す台引き（お土産として膳部に添えて出し、お持ち帰りをする料理）の盛りつけの一つだったものが発展した取り肴です。太々神楽でも硯蓋に盛りつけられた料理が出された記録が残っています。

御師のおもてなし
太々神楽の献立　吸い物椀

富士講の宴会料理としては太々神楽の献立が最も盛大です。江戸時代の「講」は組合のようなもので、富士講の方々は山岳信仰として神人共食し直会を行うとともに、旅の楽しみの一つとして仲間と一緒に飲食することも大切にしたようです。

　富士講は代参講の仕組みをとり、輪番制で代表者が富士山に登頂していたので、行かなかった人への報告が記録として残っています。記録によると、明治期の太々神楽の献立の中には、三方三つ組み、献部が七膳、さらに本膳と二の膳が並ぶ豪勢な宴会料理もあったようです。料理は、細魚（さより）、海老、烏賊、鶉（うずら）、鱈、鮎、鮑等の魚鳥、それに江戸時代後半から食べられるようになった卵料理、松茸、椎茸、干瓢、木耳、豆腐料理、さらに季節の野菜も入るなど、工夫された料理が並んでいました。また硯蓋が使われているのも特徴的で、式正料理が継承されていたことがわかります。

　上文司家には江戸時代以降の太々神楽の奉納額が現在も壁一面に掛けられており、平成30年（2018）にも10年ぶりに太々神楽が奉納され額が掛けられ、食事が振る舞われました。（作り方 p.128）

（写真右）松茸、もやし、川のり、（青菜、ゆず）で再現した吸い物（秋本家文書・出典『武蔵野市史続資料編9・諸家文書1』）。

御師のおもてなし
人生儀礼と食文化

今より寿命が短く幼少期に命を落とすことの多かった近世から近代にかけて、縁起を担いだ多くの行事がありました。その中には、現在も継承されているものもあります。

● 「お宮参り」
生後、女の子は50日目、男の子は51日目にお宮参りに、お赤飯を重箱に詰め、紅白の御幣を持って氏神様に詣でます。

● 「お食い初め」「ハシゾロイ」
生後100日目に白米飯、魚、煮物、汁の御膳を作り、丈夫な歯になるようにと願いを込め、吸い物に石を2個入れた「石のオスイモノ」を作ったり、皿に石を盛りつけるなどして、子供の口に米粒を入れるまねごとをして、皆にお酒を振舞い内祝いをします（『上吉田の民俗』p.98,104）。

● 「タチモチ」
よちよち歩きができるようになったら、子供に切り餅を背負わせて祝います。

● 「七五三」
11月15日の七五三は平安時代から公家の間で行われていた行事です。病気や災難の心配を余儀なくされる7歳までの行事で女の子は7歳と3歳、男の子は5歳のときに子の健やかな成長を願って行う行事です。昔は男女とも3歳で髪置きといい髪を伸ばします。男の子は5歳で初めて袴を着け、女の子は7歳で初めて帯を締めることを帯解きといい、この日、皆で着飾って神社に参詣しお祝いをしました。

● 「ホウソウ」
疱瘡（天然痘）は怖い病気として恐れられていました。種痘が上手につくと、直径30cmの藁束に赤い御幣を3本立ててホウソウガミサンといって床に祀り、炒った豆を炊いた豆ごはんを供えたそうです。そして、12日目にオカミアゲと称する、疱瘡神の小祠を軒下等に祀ります。中宿の駿河屋には6個の祠が残っています。

● 「葬儀」
明治初期以降、御師の葬儀は神葬祭です。御師から2名が選出され、祭式が執り行われます。つい最近まで御師の家で行われ、葬儀のあとに食事が振る舞われていました。近所の家の食堂を借りて、女性が中心になって仕切りました。献立は油揚げの煮物、鯖の煮つけ、おから、白米、汁等と決まっていたそうです。

不幸のあった家はブクがかかって*いて不浄で火祭りの火を見てはならないということで、「手間に出る」といって、他所に行きます。その際、他の家から「手間見舞い」として、タマブチという漆塗りの桶に入れたうどん粉やそば粉が贈られます。また、家にこもり謹慎する家もみられ、これをクイコミといいます（『上吉田の民俗』p.269-70）。

写真（左）北口本宮冨士浅間神社のお食い初めセット
（右）ホウソウガミサン。（富士道沿いの中宿の駿河屋の軒下に上げられています）

御師料理の素材

「いただきます」「ごちそうさま」
古来、人間はあらゆるものに神様が宿り、あらゆるものに生命があると考え、動植物を食べることに感謝して生きてきました。御師料理は自然への畏敬を深め、そのことに感謝していただく食です。馳走とはもてなすことを意味し、食べ物を作ってくれた人に対するお礼とともに、神様に対しての感謝とお礼を意味します。

川の魚
鮎・鱒・鯉・泥鰌・鮒・鰻・公魚

江戸から明治の料理書を紐解くと数多くの川魚（淡水魚）が登場します。「東海道五十三次」で有名な歌川広重の日記『甲州日記』にも、鮎や山女、鰻等の川魚の記載が多くみられ、山間の食の様子がわかります。

富士北麓では一年を通じて、冬の湖では公魚、初夏の清流では山女や香魚とも呼ばれる鮎、田んぼや水路、川や池では鮒、鯉、鯰、秋の収穫後の田んぼをさらえば泥鰌や鰻がとれたといいます。富士山の周囲には山中湖、河口湖、西湖、精進湖、本栖湖があり、昔は鯉、石斑魚、鮎、ヘラ鮒、公魚など、13種類もの魚がとれていたそうです。そうした多様な川魚が食卓をにぎやかにしていたのでしょう。昭和初期の記録にも御師の普段の食事は川魚とあり、特に鮒は身近な魚として昭和になっても食べられていたそうで、食べ方は焼いたり、煮浸しや揚げ浸しでしょうか。また、鯉は鯉の洗いや鯉こくで食べられ、海からきた講社さんには随分喜ばれていたとの記録もあります。鮎は江戸から明治の太々神楽の献立に登場しており、祝い魚として焼くだけでなく刺身でも食べられています。また泥鰌も江戸時代は大変好まれた魚として知られ、割いて焼いたり煮たり、から揚げやみそ汁などさまざまな調理の工夫で食べられていたようです。

火祭りの際には鮎が香ばしく焼かれます。鮎が解禁になるのは6月。徐々に大きくなり9月には子持ちの鮎に。夏の風物詩として欠かせない魚です。

海の魚

　富士吉田は、内陸の地にありながらも海の魚がよく食べられます。特に今でも行事のときによく登場するのが鰯です。大晦日の大祓いや節分の献供、どんど焼き・小正月の際には鰯が焼かれ食べられます。脂がのった鰯は焼くと勢いよく油が燃えて黒煙を上げるため、悪霊をはらうといわれる魚です。

　江戸から明治の太々神楽の際のお祝いの献立にも「かつを・から」「本かつほの雑煮」「鱛生盛、白瓜せん、本かつほの作身」や「たい、ゆつ、青味」「白瓜まくろたで」「あわび　ふくら煮」等が記載されており（表記は当時のまま）、高級魚が名を連ねます。また、大正期の外川家の通い帳には、メジ（マグロの幼魚）、キワダマグロ、シブワ（ソーダガツオ）、モロ（ムロアジ）、サバ、カツオ等の魚を一尾丸ごと購入した記録が残っています。春になり黒潮に乗って日本列島に近づいた鰹は、江戸っ子の初物好きが好むことでよく知られていますが、季節の風物詩として沼津からさまざまな魚が運ばれていたと考えられ、御師料理には魚食文化が欠かせません。

御師料理の素材　95

夕顔

　お盆を過ぎた頃に大きく食べ頃になるのが夕顔。江戸時代には人気があったようでさまざまな料理に使われていました。御師の家でもひと昔前は庭に棚を作って栽培していたそうです。今でも旧外川家住宅では夕顔の棚が作られ、火祭りの頃には大きな夕顔をいくつもみることができます。

　水分が多く体を冷やしてくれる食べ物で、特別な作物と考えられ、昔は代々作らない、食べてはいけない、もらったものはよいなどとされ、さまざまな言い伝えのある作物です。御師の家では欠かせないものとして大きくなった夕顔を収穫し、火祭りのときにあんかけにしたり、みそ汁や和え物にして食べます。(作り方 p.121、124)

ゆうがお【夕顔】(学名：*Lagenaria siceraria var. hispida*) は、ウリ科の植物で蔓性一年草。実の形によって細長くなった「長夕顔」と、丸みを帯びた球状の「丸夕顔」とに大別され、主に長夕顔が食べられます。栽培は古く、江戸時代の料理書には数多く掲載されていますが、いつ頃伝来したのかはわかっていません。夕顔を細長く帯状にむいて乾燥させたものが干瓢で、現在は栃木の名産になっていますが、御師料理でもすしや煮物等、一年中欠かせない食材として親しまれています。

夕顔のあんかけ
「夕顔のあんかけは吉田の名物で、当時（戦前）としては大変上品な料理とされた。」(『上吉田の民俗』p.199)

御師料理の素材 97

じゃが芋（せいだ芋）

じゃが芋がどのように日本に渡来し広がったかは明らかではありませんが、16世紀にコウボウイモの名で四国では知られていました。一説には石鎚山や高野山から修験者により山梨にコウシュ芋として伝えられたといわれますが、江戸時代後期に中井清太夫（安永3年～天明7年〈1774～87〉）が甲斐国上飯田・甲府両陣屋の代官であったときに栽培を奨励したとされ、享和元年（1801）に小野蘭山が甲斐国黒平村（甲府市）でじゃが芋の栽培を記録しています（『甲駿豆相採薬記』）。

御師料理の中では「じゃが芋とひじきの煮物」は特別なもので、開山祭にはどの家でも欠かさず食べられています。ひじきが自生する三浦半島から富士講により運ばれ、当地に普及していた特産のじゃが芋と一緒に煮物にして食べられるようになったと考えられますが、定かではありません。昭和10年8月の火祭りの際の「御旅所奉納75膳台帳」にもじゃが芋とひじきの記載があり、定番化したのはそれ以前と考えられます。じゃが芋は、汁物のおつけの実、けんちん汁、ゆで芋、うま煮（大根・にんじん・かぼちゃ・〈なす〉・昆布等を煮しめたもの）、おでんなどで食べられています。（作り方 p.122）

じゃが芋【馬鈴薯】〈ばれいしょ〉（英：potato、学名：*Solanum tuberosum L*）は、ナス科ナス属の多年草の植物。でんぷんが多く蓄えられている地下茎が芋の一種。最適な貯蔵温度は品種によって異なるが、3度から10度の低温で貯蔵することにより発芽を防ぐことができる。また、可溶性糖の含量が増えるCA貯蔵＊等で長期貯蔵が可能。鳴沢村では昔は加工品としてじゃが芋を寒冷期の外気温で冷凍させ、踏みつけることを繰り返して乾燥させた「しみいも」「ちぢみいも」と呼ばれる保存食として長期にわたり備蓄されていた。

写真（下・右頁）じゃが芋とひじきの煮物。開山祭の行われる7月1日に食べられるお料理で、神饌としてもお供えされます。各御師の家によって季節の野菜を組み合わせて作られます。

御師料理の素材　99

山菜　わらび　蕗(ふき)

富士山の春は遅く、初申祭が行われる5月5日から5月中旬頃に富士吉田を訪れると豊富な山菜に出会えます。

山菜は栽培されず山野に自生し、食用にする植物のことをいいます。江戸時代には飢饉がたびたびあったため、大根やごぼう等の根菜類、なすやきゅうり等の果菜類を多く栽培し、葉菜類は山菜に頼っていたといわれています。江戸時代の有名な料理書『料理物語』にも、例えば、たんぽぽ、つくし、嫁菜、よもぎ、たで、野蒜、たらの芽等の山菜、野草の記載があり、当時は山間の村を中心に、今よりも数多くの山菜や野草の料理が楽しまれていたようです。

また、富士山は草木の供給源として入会権が存在し、生活の場となっています。蕨は富士吉田では昭和48年に栽培も始まりよく食べられる山菜で、アクを抜いたあと、和え物、ごはんに入れて野菜飯などでも食べます。こごみ、こしあぶら、はんごん草、行者にんにく、花いかだはアクが少ないのでそのままお浸しや天ぷら等で。蕗のとうはゆでて水にさらしてアクを抜いてからみそで炒めるとおいしくいただけます。いたどりは生でかじると酸味がある山菜で、赤い色味が美しく、酸味をいかしたお浸しでも、天ぷらにしてもおいしい山菜です。たらの芽は敷地に植えている御師もあり、芽が出てきたやわらかいところを摘んで、天ぷらにしてよく食べられています。(作り方 p.123)

写真（上左）こごみ
(上中:上から時計回りに) 蕗のとう、はんごん草、いたどり、蕨、こしあぶら
(上右上) 蕨
(上右下) 花いかだ
(下左) 山菜の天ぷら:いたどり、こしあぶら、たらの芽、ぜんまい、蕗のとう
(下右) 山菜の煮物、お浸し:蕨、行者にんにく、花いかだ、こごみ、蕨

御師料理の素材　　101

すりだね、蕗みそ、木の芽みそ2種、山椒の実、じゃこと山椒の実の和え物、山椒の田舎煮。すりだねは富士吉田ではうどんに欠かせない薬味です。自家製のすりだねは吉田のうどんの名物の一つです。

山椒
さんしょう

富士吉田の冷涼で湿度のある気候は山椒の生育に大変向いているため、山には山椒の木がたくさんあり、木の芽が芽吹く5月になると、昔はよく木の芽採りに行ったそうです。山椒は樹勢が強く、芽を採ったり、枝を切っても翌年新芽が出てくることから食用に向き、御師の家でも植えているところが多いです。山椒そのものの歴史は大変古く、縄文時代にさかのぼるといわれていますが、山椒の名で料理に使われるのは鎌倉時代以降です。香りのよい若芽はそのまま、あるいは木の芽みそや佃煮に、実は塩漬けや、乾燥させた干し山椒、割り山椒、粉山椒などに使われます。江戸時代には、山椒の若木を水に浸してアク抜きしたあと、塩漬けや酒で煮て酒の肴にしたり、煮物に入れてピリッとさせる「辛皮」といわれる食べ方もありました。残すところなく利用され、季節を代表する香辛料として日本料理には欠かせません。御師の家では、収穫後、木の芽みそ、山椒の田舎煮、すりだね、ちりめん山椒のほか、塩漬けや冷凍にして夏の間中使用されます。

(作り方 p.123～124)

御師料理の素材

竹の子

竹は、アジアの温暖湿潤地域に広く分布し、『竹取物語』にみられるように、古くから日本人の生活に密着し、建築材料、花器、食具にとさまざまに使われてきました。竹類はイネ科のタケ亜科の中で大型のものを指し、小型のものは笹と呼んでいます。御師の家の敷地には竹を植えている家が多く、4月下旬には香りのよい竹の子が収穫されます。主に食用とされ栽培種としてなじみ深いのが孟宗竹。原産地は中国で、日本には江戸時代に導入されました。地中に埋まっている竹の子を若採りするとやわらかでえぐみが少なく、掘ってから時間が経つほど苦みが増すため、なるべく早くゆでて煮物や竹の子ごはんにするとおいしいです。(作り方 p.122)

写真（右上）竹の子の土佐煮
（右下）竹細工。富士山に自生するスズタケ（ササ類）は二合目付近で採れ、竹細工が編まれます。
右頁（上）真竹は地上に出たところを採ります。
（中）竹の子と昆布の煮物

真竹

真竹は中国原産とも日本自生ともいわれる竹の一種で、収穫期は5月から6月上旬で、別名を苦竹というように、収穫後時間が経過した竹の子はえぐみがあり、アク抜きが必要ですが、掘りたてのものにはえぐみがほとんどなく、そのままでもおいしくいただけます。収穫の際は孟宗竹のように地下部まで掘り取る必要はなく、地上部を切り取るだけですむので楽に収穫できます。竹細工の素材として最も多く用いられ、伐採したままの青竹を火であぶったり（乾式）、苛性ソーダで煮沸したり（湿式）して油抜きをした晒し竹、家屋の屋根裏で数十年間囲炉裏や竃(かまど)の煙で燻された煤竹など、種々の素材があり使い分けられています。料理でも新じゃがと煮たり、みそ汁に入れたりとさまざまな使われ方がされています。

御師料理の素材

梅

梅仕事

御師の家にはどの家にも梅の木があり、3月になるときれいな花を咲かせ、6月頃に実がなります。戦前は強力が梅を漬けていましたが、後年は家人が漬けて、登山のお弁当のおにぎりには欠かせないものでした。今も梅仕事をしている家は数多くあります。また、梅干しは塩梅という言葉があるほど、古くは調味料としても欠かせないもので、梅干しで作る煎り酒等も作られていたと考えられます。現在は梅を漬ける時期になると出てくる赤じそを使ったジュースや和え物も作られています。梅に含まれる爽やかなクエン酸等の強い酸味は腐りにくく、疲労回復効果も期待されるため、講社の方にも人気のようです。

●梅干し（塩分12%）
梅　　　　　　　　2kg
塩（梅の12%）　240g
赤じそ　　　　　　1束
塩（しその葉100gに対して20g）
漬け方
1. 梅は洗い、たっぷりの水に3時間つけ、ざるにとって水けをきる。※黒い斑点の出た梅は除いて、酢漬けに回す。
2. 梅はふきんでふいて、水けを除き、なり口の小枝を除き、ホワイトリカーにつけて消毒する。
3. 容器は電子レンジで加熱殺菌するか、エタノールで消毒する。上面1/4量の塩を取り分ける。
4. 残りの3/4量の塩を容器の底と上面に振り、梅にまぶしつけながら容器に入れる。
5. 全部の梅を入れたら、取り分けておいた残りの塩で上面をおおい、落とし蓋をする。梅の3倍の重石をして4〜5日おく。
6. 4〜5日すると白梅酢が上がってくる。
7. 赤じそが出回ったら葉だけを摘み取り水でよく洗う。水けをきったしそをボールに入れ、分量の半量の塩と水50mlをしそに振って手でよくもむ。一度汁けをきって別のボールに移す。残りの塩を加えてよくもむ。
8. 紫色の汁が出たら、汁けをきつく絞って白梅酢に入れてほぐし発色させる。
9. しそを入れたら7月中旬(土用)までおく。
10. 天候が安定したら竹ざるに梅としそを並べ、三日三晩土用干しする。赤梅酢をしぼり出し、赤梅酢は容器をラップでおおって1日間日光消毒をする。
11. 土用干しがすんだら、清潔な容器に保存する。
※白梅酢や赤梅酢でお刺身を食べるとおいしい。

●しそジュース
赤しそ　　400g
水　　　　2ℓ
砂糖　　　500g
レモン汁　適量
赤しそ400gを沸騰したお湯2ℓで5分煮て、葉を絞って取り出し、砂糖500gを加えて溶かし、レモン汁をたらす。

●みょうがの酢漬け（作り方 p.124）

野菜　芋　乾物　茶　薬草　漬物

富士北麓で作られ地元で食べられてきた主な食材を紹介します。

●鳴沢菜
江戸時代から栽培されている県固有の野沢菜に似た野菜です。鳴沢村でとれた種を蒔くのでこの名称に。冬場の青菜の少ない時期に欠かせない野菜で、葉は塩漬けにしたり、干して冬場のみそ汁、菜飯、雑炊等に用います。また、かぶは赤紫色で、浅漬けや煮物にします。

●水掛け菜
富士山の伏流水が冬場でも10～12度前後であるため、明治中期頃から自家採取の種子を用いて桂川流域で栽培されています。みそ汁、お正月の雑煮やお浸しなどにも用いられる野菜です。

●八頭と八頭の茎
芋の歴史は古く、原始時代までさかのぼれるといわれます。里芋は地中の根や茎が肥大したものの総称とされ、野生の芋は山の芋で、それに対して家の芋を里芋と呼ぶようになりました。縄文時代頃、中国より渡来し、その後奈良、平安時代に栽培されるようになり、芋名月や雑煮等にも用いられるようになります。現在栽培されているのは15品種で、大きく分類すると小芋用品種、親芋用品種、芋柄（ずいき）用品種があります。ずいきはゆでてお浸しにしたり、乾燥したものは甘辛く煮て干瓢と同様にすしに入れるなど、さまざまな食べ方がされています。

●ごぼう
ごぼうはイヌリンを多く含み、食物繊維が豊富で、香りが高く、ささがきにしてきんぴら、鍋、汁などに古くから使われ、太々神楽の献立にも登場する野菜です。ごぼうは中国からヨーロッパに野生しますが、日本へは古くに伝来し、平安時代の『和名抄』に菜として食べられた記録があり、栽培して食用としたのは日本だといわれています。江戸時代は瀧野川付近でとれる長さ1m以上ある長根性の品種の瀧野川ごぼうが有名でした。また大浦ごぼうは千葉の八日市場大浦の直径10cmにもなる短根性のものが関東では有名です。富士吉田のごぼうは長根性の品種で、御師の家では夏場はもちろんお節等にも欠かせない野菜です。ささがきは鉛筆を削るように薄く細切りにする切り方で、切った形が笹の葉に似ていることからつけられた名称で、江戸時代からある切り方です。

●大根
奈良時代以前に伝来し、古くから食べられている野菜で、北口本宮冨士浅間神社の神饌にも欠かせない野菜の一つです。大根は冬の重要な食糧で、生、煮て、乾物、漬物等、さまざまな料理に使われます。室町時代にはおろしも食べられるようになり、魚介の添え物やそばの薬味に使われるようになったようです。関東ではべったら漬けや沢庵がよく食べられます。また、せん切りの切り干し大根、割り干し大根、花切り大根と、切り干ししたものも江戸時代から続く食べ方の一つでこの地域で作られています。

●じゅうろく（十六）
春に蒔きつけた十六が夏には収穫されます。このあたりで十六というのは十六いんげん。十六豆というと、細長いいんげん豆になりますが、平たい形状のモロッコいんげんのような形のものを十六といい、お浸しや、煮物等にします。

●きのこ
きのこはカビと同様に菌類で、菌糸が動植物の遺体に寄生して繁殖します。例えば椎茸や平茸などは木材腐朽菌、樹木の細い根に侵入し共同体をつくる菌根菌が松茸です。富士吉田でも江戸時代は随分と松茸が採られていました。ほかにえのき茸、平茸、香茸、等があります。また、

108

干し椎茸の栽培品種である香信や香姑は椎の木やナラの木に自生し、中国には日本から伝来したといわれています。水でもどし吸い物や煮物にします。うま味成分のグアニル酸を多く含み、もどし汁は精進のだしとして江戸時代の料理書にも数多く紹介され、御師料理にも欠かせません。

●木耳（きくらげ）
広葉樹の倒木や枯れ枝に発生するきのこで、富士吉田では生であるいは乾燥したものが出回っています。

●岩茸
植物学上は地衣類に分類され、深山の岩山に生える苔で、黒くぺらぺらとしています。岩茸を食べる習慣は中国の神仙の話が関係しており、江戸時代には中国から輸入され漢方薬として使われていたともいわれます。ゆでて、酢の物、刺身のあしらいなどに重宝します。

●干瓢（かんぴょう）
干瓢は未成熟の夕顔の果肉を干瓢むき器で細い帯状にむいて乾燥したもので、15世紀頃から精進料理と結びついて食されるようになりました。精進のだしに昆布とともに使用されます。また、結んで煮物にしたり、のり巻きに入れたりとさまざまです。江戸時代、関東では長野の木曽干瓢や千葉の河内干瓢が有名でした。

●山くらげ
茎ちしゃを細い棒状に切って、乾燥させたもの。キク科アキノノゲシ属チシャ種。歯ごたえが海で採れるクラゲに似ていることからこの名が。水でもどして、漬物や和え物等に広く使われます。

●漬物
最初に漬物の言葉がみられるのは平安初期の『延喜式』です。塩蔵の野菜として漬物が発展し、粕漬け、ぬか漬け、みそ漬け等の各種漬物が風土に合わせて作られてきました。御師料理では奈良漬、鉄砲漬け、ぬか漬け等が自家製で漬けられていました。現在、富士吉田では冬の野菜として作られるアブラナ科の鳴沢菜の漬物等もあります。

●薬草
富士山の裾野には薬草となる植物が自生し、御師の人たちも檀家回りの際に神札とともに薬草を土産として持参したといい、その秘伝の書が残されています。また、江戸時代の享保期（1716～36）以降、薬草の全国的な調査が行われ「五味子（ごみし）」等が幕府御用品として献上され、広く知られるようになります。古くは薬草茶も薬園との関係からよく飲まれたと考えられます。写真（下：安房家蔵）

●どくだみ
ドクダミ科の多年草です。ビタミン、ミネラルが豊富で、カリウム、イソクエルシトリンが多く含まれ、デトックス効果が期待されます。

御師料理の素材　109

粒食　餅(もち)

白米が主食となって定着するようになったのは戦前〜戦後のことといわれ、このあたりに限らず、特に山間部は江戸時代以降長らく米、雑穀、とうもろこし等を食べていたといわれています。御師の家でも檀家回りの初穂料として米以外に麦を受け取っていたといい、富士吉田でも米や麦に粟*、黍*、豆、野菜等を加えた粒食が日常食として食べられ、ご馳走や儀礼を行うハレの日には糯米を蒸したおこわや餅が食べられてきました。餅は、糯米を蒸したあと、搗いて粘りを出して食べやすくまとめて食べる方法です。歴史は古く、奈良時代に大豆餅や小豆餅などが食べられていた記録が残っています。平安時代には鏡餅を餅鏡といい、歯固めの餅としても用いられていました。餅は望月の望で、太陽が満ことに通じ、歳魂を意味し、お正月に年を重ね、餅を食べることで新たな生命力を得るため歳神様に供える餅となったと考えられています。糯米は粳米より貴重で搗く手間もかかりますが、乾燥させれば持ち運びに便利で長期保存も可能で、加熱すればすぐやわらかくなります。御師の家では登山餅、千人ぼた餅、赤飯等が作られてきました。特に富士吉田では黍を餅として食べる食文化があり、御師の家でもお正月に豆や黍等を入れた餅が作られ、食べられています。(作り方 p.127、128)

● 登山餅
夜の宴会は四斗樽を飲み放題にし、道者が歌いながら餅を搗き登山餅にした(『上吉田の民俗』)。
● ぼた餅
8月30日、御縁年の年、ひと夏に1,000人以上来たとき等は千人ぼた餅が振る舞われました。
● 豆餅
お正月に大豆またはピーナッツ、のり、みかんの皮、砂糖などを練り込んで作ります。

● 黍餅
お正月に餅に黍を入れて炊き、やわらかく搗き、黄な粉と砂糖をまぶしていただきます。
● タチモチ
1歳頃になり歩けるようになったら、風呂敷にお餅を包んで背負わせ、2〜3歩歩かせて祝いました。
● 雛人形の菱餅
白と、とうもろこし入りの黄色、食紅で赤色、よもぎで緑色の餅を作りました。

粉食

関東の山間から富士北麓にかけての地域は、古くから麦、大麦、黍や稗*、粟、もろこし、そば等の雑穀栽培が盛んに行われた地域として有名です。富士北麓は標高が高く畑が凍りつくため、傾斜地に流れる伏流水を利用し、畝と畝の間に水を流しながら栽培する水掛け麦と呼ばれる独特の農法もあり、粉食が盛んでした。麦を煎って粉にした香煎（はったい粉・麦こがし）を湯でといて飲んだり、粉にひいた大麦や小麦、そば、とうもろこし粉を練った「おねり」やゆるめに水でといた生地を焼いた「薄焼き」、団子にしてゆでたり焼いたりした「ちゃんこ」、小麦粉やそばの粉をこねて団子にした「そばがき」や小麦粉をこねて切って煮た「ほうとう」がこの地の日常食として食べられていました。特に火地炉が残っていた頃までは御師の家でも普段の食としてよく食べられていたと考えられ、現在も「おねり」や「薄焼き」「ほうとう」は食べられています。

お祝いのときには米粉を練って丸めて蒸したあと、搗いて団子にした「でっちがえし」といわれる方法であんこを入れたりまぶした団子等が作られています。

火祭りの際の北口本宮冨士浅間神社での神饌の昭和17年の記録にも雑穀が献供されており、昔は御師の家でも雑穀が食べられていたと考えられます。(作り方 p.127)

【小麦】粒食のほか、主に粉にして香煎（はったい粉）、おねり、薄焼き、すいとん、ほうとう、麺にして食べます。この地方で作られる小麦粉は中力粉で麺にするとコシのあるうどんになります。機織りが盛んであったために、女性が工場で働く間に男性がうどんを練ったため、コシのあるのが特徴です。

【米】粳種と糯種があります。粒食のほか、粉にして団子、まんじゅう等で食べられます。粳種（上新粉、米粉）、糯種（白玉粉、餅粉、道明寺粉）に分けられます。

【とうもろこし（玉蜀黍）】とうもろこし。別名タカキビといわれるモロコシを品種改良したものがとうもろこし。日本には16世紀に渡来したといわれます。富士吉田で栽培、流通しているのはとうもろこし。これを粉にし、おねり、薄焼き、すいとん、団子のほか、せんべい、まんじゅうで食べました。

【そば】ソバムギの略称が一般化してソバとなった。75日と栽培期間が短く栽培効率がよい。そばがき、おやき、そば切りなどで食べられ、大晦日には御師の家でも年越しそばが食べられます。

写真（上左）とうもろこしまんじゅう
（上右）薄焼き
（下左）そばがき
（下右）さつま芋入りのおねり

酒　みりん　酢

「登山前夜は翌朝が早いのでたくさん飲む人はいなかったが、下山した日の夕方は無事帰って来たお祝いだといって皆おおいに飲んだ」そうです（『上吉田の民俗』p.199）。神酒のキは酒の古称といわれ、酒は豊作を祈る春祭り、豊穣を感謝する秋祭り等の神事をはじめ神饌には欠かせません。また式三献などの武家の食事様式にも欠かせないものです。『日本書紀』に木花開耶姫が稲から天甜酒（あまのたむけさけ）を醸したというくだりがあり、米を原料とした酒が古代から飲まれていたようですが、古くは濁り酒が飲まれ、今日の日本酒の原形が出現するのは16世紀後半といわれています。

みりんは『駒井日記』文禄2年（1593）正月晦日条に「みりん酎御酒御進上」とあり、もともとは飲用酒の一種として登場します。甘い味で現在もみりんに屠蘇散を入れて正月に飲むのはその名残といえます。

関東では18世紀末に流山でみりんが大量に造られるようになり、江戸料理の代表であるそばのつゆや鰻の蒲焼きに使われ、料理書等にも登場し、人気を博すようになります。

御師の家では、江戸末期にみりんが大量に購入されている記録があり大変興味深いところです。シーズンになると樽酒が用意され大いに飲まれ、みりんなどの発酵調味料も早くからとり入れた食文化を大いに楽しんだのでしょう。

酢は、応神天皇の頃に酒造りの技術と前後して中国から渡来し、大阪南部で造られたのが始まりです。大宝律令で造酒司が酢を造る役に決められ、奈良時代には米酢、酒酢、梅酢等が作られます。室町時代には酢みそ、わさび酢、しょうが酢みそ、山椒酢みそ、くるみ酢、からし酢、ぬた酢など和え酢が現れます。『四条流庖丁書』に、鯉はわさび酢、鯛はしょうが酢など、魚に合った調味酢が記されています。江戸時代になると白米に水と麹を加えて発酵させて造る米酢の造り方が確立し、相模の中原酢、尾張の半田酢等が大量に造られるようになり、なれずしに代わり江戸前ずしができます。また、江戸時代の料理書『料理物語』によると、しょうゆが普及する江戸後期まで刺身は煎り酒で食べることが多く、酢を用いたなます料理もよく食べられていました。

『富士の道の記』の中に「吸物・三ツもの（口取り・刺身・焼肴の三品）取りまぜて、広ぶた（大形の盆）にのせて差し出し、(中略)宿の手代が来て、「よろしく、お召し上がりください。」と挨拶をしつつ、「ちとおあい」（もう少しいかがですか）など、酒席を充分に楽しむ様子が描かれています（『MARUBI 富士吉田市民俗博物館だより』vol.36）。この後、膳が運ばれ食事になりますが、外川家では四斗樽を置いて飲み放題にした時期もあったといい、江戸時代の旅の一幕が読み取れます。広ぶたは大形の盆で、講社の名前の入ったものが御師の家には数多く残されています。（左写真の盆は竹谷蔵）

にほんしゅ【日本酒】
米と麹と水で発酵させこした醸造酒でアルコール度数は15～16％が一般的。精米歩合により、吟醸、大吟醸と名称が異なる。また、醸造アルコールが添加されていないものは純米と表記される。

みりん【味醂】
糯米に米麹を加え、米焼酎とともにゆっくりと発酵させる。米麹により糯米が糖化し、甘く作られる。麹菌によりコハク酸やアミノ酸が独特のコクを持つ。アルコール度数は約14％程度。屠蘇にも欠かせない。

御師料理の素材　115

みそ　しょうゆ

御師では「3年みそが一番うまい といって、3年間寝かした。ある 家では4斗ダルに毎年2タルずつ 作り、それを3年後に順次使って いった」そうです（『上吉田の民俗』）。 外川家では火地炉部屋の床下に保 存してあったみそを夏になると取 り出し、ひと夏で2樽は消費した そうですが、御師の家にはみそ蔵 が作られた家も少なくなく長期保 存されていました。みそ樽には蕗 の葉で蓋をして、蓋を開けるとみ その香りがプーンと香ったとか。 麹は大麦、小麦、米を用いたよう ですが、現在は米麹が多く、御師 の中には今も大樽で造っている家 もあります。正月の雑煮もみそ仕 立てで作る家もあります。富士講 に人気のあった鯉こくも、こく しょう仕立てといい、みそ汁でと ろとろに煮込んだものです。また 富士吉田の名物である吉田のうど んもみそとしょうゆで味つけされ ており、「ねりくり」や「おねり」 等この地域の粉食文化にもみそは 欠かせない調味料です。

　みその原料となる大豆は弥生時 代に栽培が始まっており、みその 原形である醤や豉が大陸から奈良 時代に伝播したとみられていま す。当時のみそは豆みそ系のもの とみられています。戦国時代、武 田信玄が大豆の増産を図りみそ 造りを奨励したともいわれていま す。江戸時代に庶民の生活を踏ま えて記された食材集『本朝食鑑』 には米麹の添加されたみその記録 があり、入り浜式塩田で塩が大量 に作られ、船による輸送も安定し たため瀬戸内から大量の塩が流通 し、みそ造りが一気に広がり庶民 の日常食となったと考えられま す。みそができたときにできるう ま味の強い液、たまりじょうゆな ども含め、なめみそ*等、さまざ まな料理に使われるようになり ます。

　しょうゆは16世紀に下総の銚 子・野田や常陸の醸造家によって 製造が始まりました。中期には焼 き物、煮物、吸い物、刺身にも使 われるようになり、瞬く間に普及 し江戸料理の幅を広げました。江 戸時代に和食が発達した理由の一 つとしてしょうゆ等の発酵調味料 の普及があげられます。(作り方p.127)

みそ【味噌】
みそ汁に用いるみその量は種類と実の量 によって多少変わりますが、みその塩分 を11％とすると、だし1人分180mlで、 みそ18g（大さじ1弱）、少なめの汁で150 mlで15g（大さじ5/6）。約1％弱の塩分量 にするとおいしく健康的にいただけます。 また、みそは煮すぎず、ひと煮立ちした ところで火を止めるのがおいしさの秘訣 です。

みそ造りは2月の寒い時期に行われ、煮 た大豆をつぶし、それを棒に丸く握りつけ、 棒を引き抜いて、藁を通した玉みそを吊る して発酵させたあと、樽に仕込む方法が戦 前までとられていたそうですが、現在は 麹を混ぜて仕込む方法に変わっています。

手作りみそ（でき上がり10kg）約11％弱 塩分
大豆 2.5kg　米麹 2.5kg　塩 1kg
1. 大豆は一晩（約6時間）水につける。
2. （圧力鍋で20〜30分）鍋で4時間ゆでる。
3. すりこ木かマッシャーで粗くすりつぶす。
4. あらかじめ、麹と塩はよく混ぜておき、大豆と混ぜ合わせる。
5. 野球ボールサイズに丸め、容器に打ちつけるようにして入れていく。
6. 表面に薄く塩（分量外）を振り空気に触れないようにラップ等でおおい、蓋をして冷暗所におき、3年寝かせる。

写真（左）御師の家にはみそ蔵やみそ部屋があった家。 画像は復元された小佐野家のみそ蔵。
（右上）「ゴクロウブルマイ」具がたくさん入ったけん ちん汁が振る舞われました。
（右下）野菜のおべっとう

だし（昆布　カツオ節　干し椎茸　煮干し）

外川家では「新茶の時期になると（中略）この家から1年分のお茶や鰹節を買った。鰹節は50本ほどまとめ買いをして紐で吊るしておいた。」（『富士山吉田口御師の住まいと暮らし』p55）とあり、だしが本格的に料理に使われていたことがわかります。うま味の元となる鰹や煮干しにはイノシン酸、昆布にはグルタミン酸が含まれることはよく知られていますが、ほかに干し椎茸、大豆、干瓢等の精進だしもあり、これらを総じてだしとして使われるようになるのは室町時代以降です。昆布は混合で使われるようになり、江戸時代には、水だし法も紹介され、現在のような使われ方がされるようになったと考えられています。

鰹を乾燥し、熟成させた花ガツオをかけたり、梅干し、酒に入れて調味した煎り酒が、しょうゆの普及以前には刺身、なますの調味料としてよく知られています。

現在、富士吉田では昆布、煮干し、カツオ節がだしとしてよく使われています。ここで基本のだしのとり方を紹介します。

昆布は日高昆布、利尻昆布、羅臼昆布、真昆布等があり、それぞれ扱いが異なります。水だしの場合は、一晩水に浸してゆっくりとうま味を引き出します。特に昆布の香りの強い羅臼昆布や真昆布等は加熱するとぬめりや臭みが出るのでそれを出さないようにするとおいしいだしがとれます。日高昆布は比較的ぬめりの少ない昆布です。

●一番だし（できあがり1200 ml）
水（だしの必要量×130%）　1500 ml
昆布（水の1%）　15g
削りガツオ（水の2%）　30g
＊カツオ節の代わりにマグロ節を用いてもよい。

だしのとり方
1. 昆布はさっと表面の汚れをふき、中弱火でゆっくりと65〜70度の中弱火で10〜15分加熱をするとしっかりしただしがとれる。
2. 昆布だしがとれたら、一瞬沸騰させてアクを取り、削り節を加えたら、すぐに火を止めて、そのまま削りガツオが沈むまでしばらくおき、静かに上澄みをこす。
＊水だしの場合は分量の水につけて一晩おいてから用いる。

●二番だし
水　　　　　　　　　　600ml
昆布（一番だしで使用したもの）15g
削りガツオ　　　　　　30g
追いガツオ　　　　　　10g
1.鍋に材料を入れて、ひとつかみの追いガツオを加え、約6分煮てこす。

●煮干しだし（でき上がり600ml）
煮干しは頭と腸をとり、二つに裂いて用いると、苦みのないおいしいだしがとれます。うどんやほうとう、みそ汁の汁に欠かせないため、家庭では出番の多いだしです。頭と腸は砕いて畑に蒔くとよい肥料になります。
水　　　　800ml
煮干し（2%）16g（頭、腸を除いたもの）
日高昆布　　8g
1.鍋に昆布と煮干しを入れて65〜70度の中弱火で約7分ゆっくりと加熱します。

●椎茸だし
富士吉田の干し椎茸は小ぶりですが、濃厚なうま味と香りがあります。椎茸だしは精進料理には欠かせません。
水　　　　300ml
干し椎茸　15g（3枚）
1.一晩水につけるとしっかりとだしがとれます。急いでいるときは、砂糖をひとつまみ加え電子レンジで加熱する。

●吸い地（＊お吸い物の汁）
だし　　　　　3カップ（600ml）
うす口しょうゆ　小さじ1¼
塩　　　　　　少量
1.昆布と好みの鰹、鮪、煮干し等で合わせだしをとり、しょうゆ、塩で味つけする。

●そばつゆ
そばつゆはだし5：みりん1：しょうゆ1の割合で合わせる。
かけそばなら、だし9：みりん1：しょうゆ1の割合に。
だしは昆布と煮干し、サバ節、カツオ節などお好みで。

●だし割りじょうゆ
だし8：しょうゆ1の割合で合わせて作っておくと便利。

●梅ガツオ
だしをとったあとのカツオ節を軽く炒って電子レンジで加熱し梅干しと合わせて練り、おにぎりや豆腐の具に。

●昆布の佃煮
残った昆布を重ねたり、刻んで、みりんとしょうゆで煮ると佃煮になる。

●甘酢
酢1：砂糖1：水（だし）1
塩は漬けるものの2%塩分。

●ごま酢
練りごま　　　30g
砂糖　　　　　小さじ2
うす口しょうゆ　小さじ1
しょうゆ　　　少量
米酢　　　　　小さじ1
だし　　　　　小さじ1

●からし酢みそ
みそ（材料の20%）　大さじ2½（45g）
砂糖（材料の5%）　大さじ1½
酢（材料の6〜8%）　大さじ1
練りがらし　　　　適量

●油
ごま油とえごま油は奈良・平安時代から用いられ、揚げた唐菓子の記録もみられます。鎌倉時代には精進料理の豆腐料理として油で揚げたがんも等が紹介され、江戸時代には普茶料理とともに多くの料理が紹介され、菜種油が広く使われるようになります。また、明暦年間（1655〜58）に「しめぎ」と呼ばれる搾油機が発明され、改良版の「立木」もでき、普及を早めますが高価でした。一般に普及するのは明治中期以降で、その頃から食卓には揚げ物が並ぶようになったと考えられます。

天ぷらの衣の基本p.101
卵1個、水150ml、小麦粉1カップ
各種山菜
植物油
1.天ぷらの種はよく冷やしておく。
2.卵をよくとき、氷水を加える。
3.ボールに2の半量を入れ、よくふるった小麦粉を分量の半量入れて軽くとく。
4.山菜に衣をつけ、180度に熱した油で揚げる。
5.衣が足りなくなったら、卵水、小麦粉を足し、こねないようにさらりとした衣で揚げる。

御師料理の素材　　119

御師料理レシピ

御師料理は各御師の家での味加減や季節により食材等が多少異なりますが、風土に根ざした料理と食事様式が特徴になっています。歴史の中で継承され、適量が保たれ、栄養バランスのよいことも特徴の一つです。
レシピはアンケートやヒアリング調査、歴史資料等を元に、家庭でも作りやすいレシピとしてまとめましたのでご活用ください。また、応用できるよう、基本の配合も記しました。大勢でいただく食事を作る際の参考にもしてください。

レシピについて
・材料は4人分です。
・エネルギー、塩分は1人分です。
・酒は、日本酒を指します。

基本のレシピ
＜米と水の割合＞ごはん、粥（全粥）、すし飯の水加減
＊1カップ1合180mℓ＝150～160g

	米	水加減の容量		炊き上がり重量
白米	1	1.2倍	2.4	380g
胚芽精米	1	1.5倍	2.4	380g
全がゆ	1	5倍	5	800g
すし飯	1	1.1倍	2.2	350g

＊胚芽精米は洗米せず、浸水しないので水の量が多い。
＊一度ざるにあげる場合は米の浸水時の吸水量約20％とし、浸水後は同容量の水で炊くのが基本量となる。重量では米の130％の重量の水で浸水しそのまま炊く。
＊もち麦（大麦）は1.4倍の水でたく。

＜すし飯＞
1. 米は30分浸水し、一度水けをきって分量の水、昆布を入れて炊く。
2. 合わせ酢を鍋に入れてひと煮立ちさせる。
3. 炊き上がったごはんに2.をかけ、しゃもじで切るようにして混ぜ合わせる。

＜すしの合わせ酢：米2合（300～320g）に対する割合＞

	酢	砂糖	塩
ちらし	(15%) 45g 大さじ3	(5%) 15g 大さじ1 2/3	(1.5～2%) 5g 小さじ1～1 1/3
にぎり	(15%) 45g 大さじ3	(2%) 6g 大さじ2/3	(1.5～2%) 5g 小さじ1～1 1/3

＜だしとしょうゆとみりんの割合＞

	みりん：しょうゆ：だし
つけ汁	1 : 1 : 5
かけ汁	1 : 1 : 9
煮物（濃いめ）	1 : 1 : 8
煮物（うすめ）	1 : 1 : 16
銀あん	1 : 1 : 20

＜だし割りじょうゆ＞

	しょうゆ ： だし
だし割りじょうゆ	1 : 8

小豆の下ごしらえ
1. 小豆は洗い、たっぷりの水に一晩つけてふやかす。
2. 水けをきり、たっぷりの水でひと煮立ちさせる。
3. 水をかえ、さらにやわらかくなるまで煮る。
＊あんこを作るときは小豆（乾燥）と砂糖は重量で1:0.7～0.8、お汁粉にするときは1:1を目安にして水分で調整する。

●取り肴
硯蓋
鮑　寄せくるみ　巌石卵　本海老
れんこん　川のり

【鮑】
1人分 120kcal
- 鮑　1個（300g ぐらいのもの）
- 塩　少量
- 水　2カップ（400 mℓ）
- 酒　1カップ（200 mℓ）
- みりん・しょうゆ　各大さじ1

1. 鮑に塩をたっぷり振って7～8分おき、たわしでこすってぬめりや汚れを落とす。流水できれいに洗う。
2. 鍋に入れて水から15分ほど煮る。
3. 殻をはずし、流水で洗う。
4. 水に酒を加えて煮る。鮑のわたとみみを切り取る。
5. みりん、しょうゆを加えて煮上げて、5mm の厚さに切る。

【寄せくるみ】
1人分 66kcal
- くるみ　5粒
- はちみつ　大さじ1

1. フライパンにくるみを入れ、弱火でいり、はちみつを加えいりからめる。

【巌石卵】（がんせきたまご）
1人分 98kcal
- 卵　4個
- しょうが汁　小さじ1/2
- 塩　少量
- 干し椎茸（コウタケ）　小5個 10g
- a 酒・みりん・しょうゆ　各大さじ1

1. 干し椎茸は水でもどし、軸を取り a で煮る。冷めたらせん切りにする。
2. 鍋に水と冷蔵庫から出したばかりの卵を入れ、沸騰してから7分ゆで、水にとり殻をむく。黄身と白身に分け、白身は粗く刻み、塩としょうが汁を振る。
3. 黄身はペースト状につぶし、1の椎茸を混ぜる。
4. 白身を加えて混ぜ、棒状にまとめ、重石をして冷やし固める。

＊江戸時代はつゆ草の花びらで卵の白身を青く染めたようであるが省略した。

【本海老】（えび）
1人分 24kcal
- 甘海老または車海老　4尾
- ごま油　小さじ1
- 塩　適量

1. 甘海老に塩を軽くして、ごま油で煎りつける。

＊車海老の場合は、ゆでて殻をむいて盛りつける。

【れんこんの甘酢漬け】
1人分 51kcal
- れんこん　100g
- 合わせ酢
  - 塩（塩分3%）　小さじ1/2強（3g）
  - a
    - 酢　大さじ3
    - 水　大さじ3
    - 酒　大さじ3
    - 砂糖　大さじ2
- 赤唐辛子　1本

1. れんこんは5cm の長さに切り、周囲を花形に切り、薄切りにする。
2. さっと湯でゆでる。
3. a を合せて合わせ酢に漬ける。
4. 小口切りにした唐辛子を好みで加える。

【川のり】
1人分 0.5kcal
- 川のり（水前寺のり、富士のり等、淡水の乾燥のり）　適量

1. 水でもどす。

【鰹の生け盛り】（かつお）

1人分 115kcal
- 鰹　320g
- 夕顔　120g
- 三島のり（青さのり）　10g
- 岩茸　10g
- みょうが　1個
- 煎り酒
  - 梅干し　3個
  - 酒　大さじ2
  - 水　1カップ
  - 昆布　5cm 角1切れ
- しょうがじょうゆ　適宜

1. 鰹は平造りで約20切れに切る。
2. 夕顔はかつらむきにしてせん切りにする。
3. 岩茸はゆでてもどし、三島のりは水でもどして添える。みょうがはせん切りにする。
4. 煎り酒は、材料を鍋に入れてゆっくりと煮立たせ、火を止め、半日おいてこす。好みで削り節を加えてもよい。
5. 煎り酒としょうがじょうゆをお好みでつけていただく。

【公魚のから揚げ】（わかさぎ）

1人分 122kcal
- 公魚　20尾（200g）
- 酒　大さじ3
- 片栗粉　適量
- 揚げ油　適量
- だし割りじょうゆ　適宜
- 大根　80g

1. 公魚はよく洗い、ボールに入れ、酒を振る。
2. 水けを取り除いたあと、薄く片栗粉をまぶし、油で少し色づく程度に揚げる。

＊だし割りじょうゆ p.120 につけて大根おろしをそえ、揚げ浸しにして食べる。あるいは酢や酢じょうゆ、野菜のせん切りを加えたマリネにする。

＊公魚は甘露煮や昆布巻きにもした。

【鰤の幽庵焼き】（ぶり）
1人分 245kcal
- 鰤　4切れ（280g）
- 酒　大さじ2
- しょうゆ　大さじ2
- みりん　大さじ2
- 干瓢　1本
- こごみ　8本

1. 鰤はしょうゆ、みりんにつけ10分おく。
2. 干瓢は水でもどし、適当な大きさに切って結び、5分ゆでする。
3. 鍋に魚、干瓢を入れ、鍋照り焼きにする。
4. こごみはゆでて添える。

【そら豆の塩ゆで】

1人分 222kcal
- そら豆　正味240g
- だし（昆布）　2カップ（400 mℓ）
- みりん　小さじ2
- うすくちしょうゆ　小さじ2
- 塩　少量

1. そら豆は薄皮をむく。好みで薄皮つきでもよい。
2. 鍋にだし、みりん、うすくちしょうゆ、塩を入れて中火で1を1分30秒煮る。
3. 煮汁ごと別の容器に移し、急速に冷やす。
4. 冷蔵庫で半日おいて味を含ませる。
5. 4の汁けをきって器に盛る。

御師料理レシピ

【花豆の甘煮】

1人分 364kcal

花豆	240g
酒	大さじ1
みりん	小さじ1½
砂糖	160g
しょうゆ	小さじ2
塩	小さじ1½

1. 花豆は洗って一晩水に浸す。
2. 鍋に花豆と3倍量の水を入れて火にかけ、煮立ったら弱火にし、3分ゆで、煮汁を捨て、アクを取る。
3. 再度、水からゆでて、沸騰したら弱火でやわらかくなるまで煮る。
4. 別鍋に水3カップと調味料を入れて煮とかし、煮えた豆を入れて、ときどき上下をかえながら、弱火で約20分煮含める。煮汁の中で味を含める。

【じゃが芋とひじきの煮物】

1人分 196kcal

じゃが芋	正味400g（5個）
にんじん	80g
芽ひじき（乾燥）	10g
油揚げ（またはさつま揚げ）	大1枚（60g）
みりん	大さじ2
砂糖	大さじ2
しょうゆ	大さじ2～2½
昆布	5g

1. じゃが芋は皮をむいて、四つ割りにする。にんじんは一口大に切る。
2. ひじきは洗って水でもどす（もどして100g）。油揚げは一口大に切る。
3. 鍋に昆布とじゃが芋を入れ、ひたひたの水（300㎖）で火にかける。
4. 沸騰したらひじきとにんじん、油揚げ、調味料を加えて弱火で約10～15分煮る。

＊ゆで竹の子やグリーンアスパラ等季節の野菜一緒に煮てもよい。

【ゆで竹の子】

1人分 129kcal

竹の子	400g（皮付き1本）
水	2ℓ
ぬか	約½カップ

1. 竹の子は洗って、先を斜めに切り落とし、縦に切り込みを入れる。根元の紫色の部分と底のかたい部分を薄く切り落とす。
2. 鍋に竹の子とかぶるくらいの水、ぬかを入れて火にかけ、沸騰しそうになったら弱火にし、落とし蓋をして1～2時間ゆでる。
3. 粗熱が取れたら、ぬかを洗って水にさらす。

【竹の子の土佐煮】

1人分 40kcal

ゆで竹の子（孟宗竹）	200g
だし（昆布とカツオ節）	1カップ（200㎖）
うすロしょうゆ	大さじ1½
みりん	大さじ1½
削りガツオ	5g
山椒（木の芽）	12枚

1. 竹の子は、根元を半月、穂先をくし形切りにして、水で下ゆでしてから、だしで5分煮て、調味して10分煮る。
2. 削りガツオをからめて器に盛り、木の芽を添える。

＊白いチロシンが固まっていなければ、下ゆでしなくてもよい。
＊冷蔵庫で一晩おくと味が含まれる。
＊削りガツオは細かく炒って、まぶしても。

【竹の子と昆布の煮物】

1人分 54kcal

ゆで竹の子（真竹）	150g（1本）
昆布（早煮）	20g（1本）
水	600㎖
酒	大さじ2
みりん	大さじ2
砂糖	小さじ½
うすロしょうゆ	大さじ2
木の芽	5～6枚

1. 真竹はとったらすぐにゆでるとえぐみがない。長さを半分に切りたっぷりの湯でゆで、ゆで上がったら皮をむき、一口大に切る。
2. 鍋に水と昆布を約10分入れて軽くもどし、昆布は長さ約12cmに切り、結び昆布にする。鍋に戻し、酒を加えゆっくりと加熱する。
3. 30分ほど煮てやわらかくなったら、調味料、竹の子を加えて約15分煮含める。

＊水の代わりに好みでカツオ節や煮干しだしにしてもよい。孟宗竹でもよい。
＊わかめや蕨と一緒に煮る。

【きんぴら】

1人分 83kcal

ごぼう	200g（1本）
にんじん・れんこん	合わせて40g
ごま油	大さじ1
水	大さじ1
みりん	小さじ2
砂糖	大さじ½
しょうゆ	大さじ1
赤唐辛子	1本（適宜）

1. ごぼうはささがき（またはせん切り）にして水にさらし、ざるに上げる。
2. フライパンにごま油を入れ、ごぼうとれんこん、好みで赤唐辛子を入れ手早く炒める。
3. 全体に油が回ったら、にんじんを加えて炒め、水、みりん、砂糖、しょうゆで調味し、水分がなくなるまで中火で炒め煮にする。

【蕗の煮物　青煮・きゃら蕗】

1人分 18kcal

蕗	100g
塩	適量
だし（昆布、カツオ節）	300㎖
しょうゆ・みりん	各大さじ1

1. 蕗は大きな鍋に入る長さに切り、塩をまぶしてまな板で板ずりをする。
2. 蕗の太いほうから沸騰した湯に入れ、目安約4分ゆでる。
3. 水にとり、蕗を縦に持ち一端の筋を5mmずつむき、その筋をつまんで何本かまとめて筋を一気にとる。
4. だしとみりん、しょうゆで煮る。

＊きゃら蕗は蕗の煮物を一晩おき、しょうゆとみりん各大さじ1を足して煮る。これを3回ぐらい繰り返して、茶色く色づくまで煮る。
＊蕗の若い葉があれば3分ほどゆでて、炒め煮にし、ちりめん山椒等と和えるとよい。

【行者にんにくのお浸し】

1人分 19kcal

行者にんにく	200g
しょうゆ（1%塩分）	小さじ2
だし（昆布、カツオ節）	大さじ2

1. 行者にんにくは洗って、沸騰した湯に塩を少量入れてさっとゆでる。
2. 水けを絞り、3～4cm長さに切り、だしで割ったしょうゆで和える。

＊好みでしょうが、酢を加えて和える。

【花いかだのお浸し】

花いかだ	200g
しょうゆ（1%塩分）	小さじ2
だし（昆布、カツオ節）	大さじ2

1. 花いかだは洗って、沸騰した湯に塩を少量入れてさっとゆでる。
2. 水けを絞り、3〜4cm長さに切り、だしで割ったしょうゆで和える。

＊好みで削りガツオやすりごま、からしで和える。

【こごみのお浸し】

1人分 16kcal

こごみ	200g
しょうゆ（1%塩分）	小さじ2
だし（昆布、カツオ節）	大さじ2

1. こごみは洗って、沸騰した湯、または昆布だしで2〜3分ゆでる。
2. 水けを絞り、3〜4cm長さに切り、だしで割ったしょうゆで和える。

＊好みで削りガツオやごま酢（p.119）で和える。

【蕨のお浸し】

1人分 13kcal

蕨	200g
しょうゆ（1%塩分）	小さじ2
だし（昆布、カツオ節）	大さじ2
しょうがのしぼり汁	小さじ1

1. 蕨は洗って、根元を1cmぐらい切り落とし、灰を加えた湯でゆでる。
2. 洗って3〜4cm長さに切る。
3. だしで割ったしょうゆで和える。

＊好みでしょうがに酢小さじ1を加えたり、削りガツオで和える。

【すりだね】

小さじ約1杯分 23kcal

山椒の実	25g
すりごま	50g
一味唐辛子	50g
砂糖	25g
しょうゆ	大さじ½

1. 山椒の実をすり鉢でつぶつぶが残る程度にすりつぶす。
2. すりごまと一味唐辛子、砂糖を加えてよくかき混ぜる。
3. しょうゆ少量を入れながらかたさを調節する。

【蕗みそ】

大さじ約1杯分 44kcal

蕗のとう	100g
水	600ml（3カップ）
重曹	小さじ½
みそ	120g
砂糖	大さじ1½〜2
みりん	大さじ2

1. 鍋に水と重曹を入れて沸騰させ、蕗のとうを入れて約3分ゆでる。
2. 約30分水にさらしてアクを抜き、水けをきって細かく刻む。
3. 鍋にみそ、砂糖、みりんを入れ、混ぜ合わせて弱火にかける。
4. 水けをきった2の蕗のとうを加えて混ぜ合わせて練り上げる。

【ねぎみそ】

1人分 27kcal

長ねぎ	小½本
みそ	20g
削りガツオ	10g
ちりめんじゃこ	10g

1. ねぎはみじん切りにする。
2. みそ、削りガツオ、ちりめんじゃこを入れて混ぜる。

＊万能ねぎ小5本にしてもよい。

【鉄火みそ】

1人分 57kcal

ごぼう	60g
にんじん	60g
ねぎ	30g
油	大さじ1
水	50ml
みそ	大さじ1〜2

1. ごぼうは大きめのささがき、にんじんは細めの乱切りにし、ねぎは斜め薄切りにする。
2. 油で野菜を炒める。
3. 水を加え、みそで調味する。

＊夏はなすやピーマンにするなど季節によって野菜をかえる。

【木の芽みそ　その1】

1人分 93kcal

山椒	50g
みそ	大さじ3強（60g）
みりん	大さじ1
砂糖	小さじ1

1. 鍋にみそにみりん、砂糖を加えて、ゆるくのばして軽く温め、山椒を入れて和える。

【木の芽みそ　その2】

1人分 63kcal

みそ	大さじ3強（60g）
砂糖	小さじ2
酒・みりん	各大さじ1
水	小さじ1
卵黄	½個
青寄せ	大さじ2
ほうれん草（葉のみ）	100g
塩	少量
水	1ℓ
山椒	15g

1. ほうれん草の葉と塩、分量の水から1カップをミキサーにかける。
2. ざるでこす（細胞を除きクロロフィルだけ取り出す）。
3. こした液と残りの水を鍋に入れ、火にかける。上に緑色の色素が浮いてきたら、キッチンペーパーに玉じゃくしですくい取り、水けを絞る。
4. みそに砂糖、酒、みりん、卵黄、水を混ぜて弱火にかけて、ぽってりと仕上げる。
5. すり鉢に青寄せと、刻んだ木の芽を入れ、よくする。ここに、冷ましたみそを入れてよく混ぜる。

【山椒の実の下ごしらえ】

山椒の実	適量

1. 小枝がついたまま洗って、沸騰した湯に塩小さじ1を入れて、3分ほどゆでてアクを抜き小枝を除く。

＊下ゆでした山椒の実は冷凍保存も可能。

御師料理レシピ

【じゃこと山椒の実の和え物】

1人分 22kcal
ちりめんじゃこ　　10g
山椒の実（冷凍）　　8g
みりん　　　　小さじ2
しょうゆ　　　小さじ2

1. 下ゆでした山椒の実をじゃこと混ぜてそのままでもよいが、みりん、しょうゆでさっと煮る。

【山椒の田舎煮】

1人分 53kcal
山椒　　　　50g
しょうゆ　　大さじ2
水　　　　　大さじ1

1. 山椒をさっと洗って、水けをきり、一晩干す。
2. しょうゆ、水を煮立てて、1を加え、水けがなくなるまでいり煮にする。
＊しょうでいり煮にすると独特の辛みが出る。好みでみりんを加える。

【夕顔のあんかけ】

1人分 39kcal
夕顔　　　　　　　　　210g
a ｜ だし（昆布、カツオ節）　160ml
　｜ みりん　　　　　　小さじ2
　｜ うすロしょうゆ　　小さじ1
　｜ 塩　　　　　　　小さじ1/10
b ｜ だし（昆布、カツオ節）　1½カップ
　｜ みりん　　　　　　大さじ1
　｜ うすロしょうゆ　　大さじ1
　｜ 片栗粉・水　　　各大さじ1
おろししょうが　　　　適宜

1. 夕顔は3cm厚さの輪切りにし、半月に切って種を除き、皮をむく。
2. 鍋にaの材料を入れてひと煮立ちさせ、冷ましておく。
3. 鍋に湯を沸かし、皮目を下にしてやわらかくゆで、2に入れて味をしみ込ませる。
4. bのあんを温める。
5. 器に夕顔を盛り、あんをかける。
＊あんは献立に合わせて、好みでしょうがのすりおろしやとりそぼろ、湯葉のせん切りのあんをかける。

【夕顔の酢の物】

1人分 32kcal
夕顔　　　　　160g
にんじん　　　40g
a ｜ 塩（3%）　小さじ½強3g
　｜ 酢　　　　大さじ3
　｜ 砂糖　　　大さじ2

1. 種を除いて皮をむいた夕顔とにんじんは約5cm長さのせん切りにする。
2. aで合わせ酢を作り、夕顔とにんじんを入れて30分以上漬ける。
＊日持ちがするので、常備菜として多めに作っておくと便利。

【夕顔のみそ汁】
1人分 69kcal
夕顔　　　120g
水　　　　800ml
煮干し　　10尾
昆布　　　5cm角
みそ　　　大さじ4

1. 夕顔は縦に切り、種を除いて皮をむき、さらに縦に切ってから薄切りにする。
2. 鍋に水、昆布と煮干しを入れてゆっくりと加熱し、だしをとる。
3. みそをとき入れ、夕顔を加えてさっと煮る。

【夕顔の煮物】

1人分 95kcal
夕顔　　　　　200g
油揚げ　　　　1枚
だし　　　　　600ml（3カップ）
みりん　　　　大さじ2
うすロしょうゆ　大さじ2
しょうゆ　　　小さじ½
オクラ　　　　80g

1. 夕顔は縦に切り種を除いて、一口大の長さに切る。
2. 鍋にだし、一口大に切った油揚げ、夕顔、みりんを入れて5分煮る。
3. うすロしょうゆ、しょうゆを入れてひと煮立ちさせ火を止め、煮含ませる。
＊青味でゆでたオクラを一口大にして添え、味を含ませる。

【みょうがの酢漬け】
1人分 26kcal
みょうが　　　　　200g
塩（みょうがの2%）　4g
酢　　　　　　　　100ml
水　　　　　　　　100ml
砂糖（5～10%）　大さじ1～2

1. みょうがは半分に切る。塩をまぶしボールに入れ、みょうがと同量の重石をして約1時間おく。
2. 容器に酢、水、砂糖を合わせる。
3. みょうがの汁けを軽く絞り2に漬け込む。
＊一晩おくと紫色になるが、あれば赤じそジュースを入れて色鮮やか仕上げる。

【煮しめ】

1人分 125kcal
昆布（早煮）　　10g
干瓢（乾燥）　　12g（ゆでて70g）
れんこん　　　　80g
ごぼう　　　　　50g
干し椎茸　　　　4枚
水　　　　　　　600ml
みりん　　　　　大さじ1½
しょうゆ　　　　大さじ1½
鮑（煮）　　　　1個

1. 干し椎茸は一晩もどし、半分にそぎ切りにする。
2. ごぼうは4cm長さに切り、れんこんは一口大に切り、5分下ゆでする。
3. 昆布は水でもどし、4等分して結ぶ。鍋に昆布を入れて、ゆっくりと30分ゆでる。
4. 干瓢はもどし塩でもみ、水で流し、5分下ゆでして12個結ぶ。
5. 昆布の鍋に椎茸と椎茸のもどし汁1カップ、干瓢を加えて約10分煮る。
6. れんこん、ごぼうを加え、調味料を加えてやわらかく煮含め、鮑を加える。
＊一晩おくと味が煮含められる。
＊大量に作るときはそれぞれ、別々に煮て盛り合わせると作りやすくてよい。

【うま煮・ごった煮（おでん）】
1人分 110kcal
昆布（早煮）　　10g
じゃが芋（里芋）　150g
にんじん　　　　60g（½本）
大根　　　　　　150g
干し椎茸　　　　2枚
こんにゃく　　　100g
ちくわ　　　　　1本（80g）
みりん　　　　　大さじ2
しょうゆ　　　　大さじ2
砂糖・酒　　　　各少量
水　　　　　　　1ℓ
青味　　　　　　適宜

1. 干し椎茸は水でもどす。
2. じゃが芋または里芋は皮をむいて半分に切る。にんじんは大きめの乱切りにする。

3. 大根は2cm厚さの半月切りにする。
4. 昆布は分量の水でもどして4等分して結び昆布にし、大根とじゃが芋と一緒に煮る。
5. ちくわは斜めに切る。
6. こんにゃくは一口大に切り、下ゆでする。
7. 昆布の鍋に残りの野菜を入れ、調味料を加え約10分弱火で煮る。

【雑煮】

1人分 135kcal
切り餅（またはよもぎ餅1切れ50g） 4切れ
青菜（鳴沢菜、冬菜、水掛け菜等） 40g
大根 80g
里芋またはにんじん等 60g
　　（下ゆでしておく）
のり 適宜
だし（昆布、カツオ節） 3カップ（600ml）
しょうゆ 小さじ½
塩 小さじ½
＊しょうゆと塩の代わりにみそ大さじ2にしてもよい。

1. 青菜はゆでて3cm長さに切る。
2. だしにいちょう切りの大根、にんじん、里芋を入れ煮て、しょうゆと塩、またはみそで調味する。
3. 餅を焼いて椀に入れ、2の野菜を加えて、青菜を添え、2の汁を注ぐ。
4. 好みでせん切りしたのりをのせる。
＊だしは昆布と煮干し、昆布と削りガツオ等好みで（だしの頁を参照）。

【七草粥】

1人分 157kcal
米 1合（150g）
水 5合（900ml）
七草（大根、かぶ、水掛け菜等の青菜） 60g
塩（仕上がりの0.4％） 小さじ1弱
銀あん
　だし（昆布） 200ml
　みりん・しょうゆ 各小さじ2
　片栗粉・水 各大さじ1

1. 鍋で沸騰した湯に洗い米を入れて中火にかけて沸騰させ、弱火で15分静かに炊き、鍋底を混ぜる。
2. 粥が仕上がる頃に細かく刻んだ七草と塩を加えて火を止め、蓋をして3分蒸らす。
＊米は30分浸水後、電気炊飯器粥モードで全粥で炊いてもよい。
＊好みで、鏡餅等を焼いた餅を加えたり、塩を控えて、銀あんを加えていただく。

【赤飯】

1人分 330kcal
糯米 340g
水＋ささげのゆで汁（糯米の100％） 340ml
ささげまたは小豆（糯米の10％） 30g
水（豆の5倍） ¾カップ
ごま塩 適量

1. ささげは洗って5倍の水で約20分ゆでる。ときどき玉じゃくしですくい、豆を空気に触れさせて色を出す。ささげとゆで汁とに分ける。
2. 糯米は洗って水けをよくきり、分量の水と1の豆のゆで汁に3時間浸水させる。
3. 蒸気の上がった蒸し器に蒸し布を敷き、2の糯米を汁けをきって広げ、ささげを散らし、強火で30～40分蒸す。途中2回ほど2の糯米を浸した汁をたっぷり手にとって手早く表面全体に振りかける。
4. 蒸し布ごと持ち上げ、盆ざるにのせ、豆をつぶさないように全体を軽く均一になるように混ぜながら広げ、冷ます。
＊小豆飯は粳米を用いて赤飯と同様に小豆を準備し、小豆のゆで汁を加えて水加減して炊飯器で普通に炊く。

【干瓢または八頭の細巻き】

1人分 495kcal
のり巻き4本分
すし飯
　米 3合（480g）
　水（米の約130％） 624ml
　昆布 5g
　合わせ酢
　　酢（12～15％） 大さじ4½
　　砂糖（2～5％） 大さじ2½強
　　塩（1.5％） 小さじ1½
干瓢（乾）または八頭の茎（乾）
　　 15g（ゆでて100g）
だし 1カップ
砂糖（干瓢の15％） 大さじ1½（15g）
しょうゆ（干瓢3％塩分）大さじ1（18g）
焼きのり 全形2枚

1. 干瓢は水につけてもどす。塩で軽くもんで洗い流し、5分下ゆでする。
＊八頭は水でもどし、水をかえてゆで、沸騰したらゆでこぼし、水をかえて沸騰させアクを取る。
2. 鍋にだし、調味料、干瓢を入れて約10分煮る。
3. 巻きすにのり1枚を横長に半分に切っておき、すし飯¼量をのりの向こう側1.5cmあけてのせ、干瓢を真ん中におき、芯にして巻く。合計4本作る。

【太巻き】

1人分 458kcal（3本分）
すし飯
　米 2合（320g）
　水（米の約130％） 400ml
　昆布 5g
　合わせ酢
　　酢（12～15％） 大さじ3
　　砂糖（2～5％） 大さじ1⅔
　　塩（米の1.5％） 小さじ1⅓
干瓢（乾） 15g（ゆでて100g）
干し椎茸 小6枚（もどして70g）
椎茸のもどし汁 50ml
だし 1½カップ（300ml）
砂糖（干瓢と干し椎茸の15％）
　　 大さじ3弱（26g）
しょうゆ（干瓢と干し椎茸の3％塩分）
　　 大さじ2弱
でんぶ
　白身魚（鱈） 100g
　酒 大さじ1
　紅麹（または食紅）＋水 大さじ1
　砂糖（魚の10％） 大さじ1強
　塩（魚の0.6％） ミニスプーン½
厚焼き卵
　卵 2個（100g）
　塩（卵の0.3％） ミニスプーン¼
　砂糖（卵の0.3％） 小さじ1
山椒の田舎煮 30g
手酢（水・酢各50ml）
焼きのり 全型3枚

1. 干し椎茸は一晩もどし、薄切りにする。
2. 干瓢はもどし塩でもみ、水で流し、5分下ゆでする。
3. 鍋にだし、調味料、干瓢を入れて約10分煮て、椎茸、椎茸だしを加えて5分煮る。
4. でんぶを作る。魚はゆでて骨と皮を除きふきんに包んで水けを絞る。
　鍋に魚と酒、水、紅麹を入れて薄く色をつけ、弱火にかけて砂糖、塩を混ぜて火を通し、4～5本の箸でふんわりいり上げる。
5. 卵焼き器で1cm厚さの厚焼き卵を作る。
6. 巻きすにのりを広げ、すし飯を棒状にまとめて中央におき、向こう側2cmを残して、すし飯を広げる。すし飯の中央に、卵、干瓢、干し椎茸、でんぶ、山椒の田舎煮をそれぞれ⅓量ずつのせ、手前から一気に巻く。同様にもう2本巻く。
＊でんぶは好みで桜の花や赤じそジュースなどで色をつけてもよい。
＊ちらしずしは厚焼き卵を薄焼きにする。すし飯にすしの具を上にのせ、木の芽（生）を散らす。

御師料理レシピ

【稲荷ずし】

1人分 557kcal（材料6人分として）
すし飯
  米　　　　　　　　3合（480g）
  水（米の130％）　　624㎖
  昆布　　　　　　　5g
合わせ酢
  酢（12～15％）　　大さじ4～5
  砂糖（2～5％）　　大さじ1～2²⁄₃
  塩（1.5％）　　　　小さじ1¼
油揚げ（小）　　　　12枚（240g）
煮汁
  だし（昆布，カツオ節）　2カップ（400㎖）
  砂糖（20％）　　　50g
  みりん　　　　　　大さじ2
  しょうゆ　　　　　大さじ3
  ごぼう　　　　　　80g
  みりん　　　　　　小さじ2
  だし　　　　　　　大さじ3
  油　　　　　　　　小さじ1½
山椒の田舎煮　　　　20g
いりごま　　　　　　小さじ2
甘酢しょうが　　　　大さじ3

1. 米をかために炊き、すし飯を作る。
2. 沸騰した湯に油揚げを平らに入れ、再沸騰後1～2分ゆでて、鍋蓋などで押さえて、水けを絞る。
3. 2等分し内側を袋状にはがす。
4. 鍋に煮汁の材料を煮立てて3.を平らにして、落とし蓋をして、弱火で10分、途中で返して汁がなくなるまで煮る。
5. ごぼうはささがきにして炒め煮にする。
6. すし飯にごぼうと山椒を混ぜる。
＊白飯のみでもいいが、ごぼうまたは半分に甘酢しょうがのせん切りといりごまを混ぜてもよい。
7. 油揚げの汁けを絞り、6を詰める。

【野菜飯（おこわ）】

1人分 343kcal
粳米と糯米合わせて　　300g（2合）
水（米の約130％）　　380㎖
うす口しょうゆ（米の1.4％塩分）大さじ2
酒　　　　　　　　　大さじ1
砂糖　　　　　　　　少量
にんじん・竹の子合わせて　120g
干し椎茸（もどして）またはきのこ　40g
油揚げ（またはさつま揚げ）　1枚

1. 米は洗い、30分以上水に浸す。
2. 野菜はせん切りにする。
3. 油揚げは湯をかけて油抜きをし、短冊切りにする。
4. 釜に1と2,3、調味料を入れて普通に炊く。
＊米と具を別に炊き、炊き上がったら混ぜ合わせてもよい。

【吉田のうどん】

1人分 398kcal（麺は10食分として）
小麦粉　　　　　　1kg
水　　　　　　　　350㎖
塩　　　　　　　　30g
ゆでキャベツ　　　適量
きんぴら　　　　　適量
ねぎ　　　　　　　適量
だし（昆布、煮干し）　1ℓ
みそ・しょうゆ　　各大さじ3強

1. 塩を水でよくとき、木鉢に入れた小麦粉に加える。手の指をやや開き、速い動きでよくこねる。
2. なめらかになったら生地をまとめ、木綿の布で包み、ポリ袋に入れ、足踏みをする。1時間ほどねかせる。再び足踏みをして最後にのばし、麺棒を使ってのばして切る。
3. 沸騰した多めの湯で約10分ゆでる。ゆで上がったうどんを冷水にとってよく洗う。
4. だしをとり、みそとしょうゆで味つけをした汁に、麺、野菜をのせる。

【ほうとう】

1人分 626kcal
ほうとう麺（生）　　600g
だし（昆布　煮干し）　5カップ（1ℓ）
かぼちゃ　　　　　　220g
にんじん　　　　　　140g
かぶまたは大根　　　80g
ねぎ　　　　　　　　120g
油揚げ　　　　　　　2枚
しめじ　　　　　　　適宜
みそ　　　　　　　　大さじ6

1. 野菜、きのこ、油揚げを一口大に切る。かぼちゃ、ねぎ以外をだしで煮る。
2. 七分どおり火が通ったら、ほうとうとかぼちゃを入れる。
3. 火が通ったら、みそを入れて味をととのえる。最後にねぎを入れてひと煮立ちしたらでき上がり。

【年越しそば】

1人分 589kcal
生そば　　　　　720g
大根　　　　　　80g
ねぎ　　　　　　1本
そばつゆ
  だし（昆布、カツオ節）　810㎖
  しょうゆ　　　　　90㎖
  みりん　　　　　　90㎖

1. 鍋にだし、調味料を入れて沸かし、火を止める。冷ましてからこす。
2. ねぎを小口切りにする。大根はせん切りにする。そばはたっぷりの湯でゆでる。器にそばを入れ、温めたそばつゆを張る。ゆでた大根、ねぎをのせる。
＊好みでしょうゆを減らしてみそを加えて調味してもよい。

【柏餅】

1人分 237kcal（材料8個分）
上新粉　　　　　　160g
熱湯　　　　　　　160㎖
片栗粉・水　　　　各大さじ2
こしあん　　　　　200g

1. 上新粉は湯を加えて練り、ぬれぶきんを敷いた蒸し器に4等分してのせ、15分蒸す。
2. 手水をつけ、水どき片栗粉を加えながらこねる。
3. 生地を8等分してだ円にのばし、丸めたあんをはさむ。
4. 蒸し器で5分蒸す。

【草餅】

1人分 261kcal（材料8個分）
上新粉・米粉（粳米）　160g
白玉粉　　　　　　　20g
砂糖　　　　　　　　大さじ2
熱湯　　　　　　　　180㎖
もち草（よもぎ）　　30g
重曹（水の0.3％）　　2g
小豆あん　　　　　　約200g

1. よもぎは重曹を入れた湯（3カップ）で1分半ゆで、水にさらし、水けを絞り、刻んですり鉢でする。（フードプロセッサーにかける。）
2. 上新粉または米粉、白玉粉、砂糖に熱湯を加えてよく練り、蒸し器で15～20分蒸す。
3. 熱い餅をすり鉢に入れてよく搗き、なめらかにする。8等分して、1個25gに丸めたあんを入れて丸め、5分蒸す。
＊もち草はゆでたあと乾燥させて冷凍しておくと便利。使うときは自然解凍し、汁もそのまま使う。

【ぼた餅・おはぎ】

1人分 377kcal（材料8個分）
小豆　　150g
砂糖　　120g
塩　　　小さじ½
糯米　　¾カップ
糯米　　¼カップ
水　　　240mℓ

1. 小豆は洗い、たっぷりの水に一晩つける。
2. 水けをきり、たっぷりの水でひとゆでする。（渋きり）
3. 水をかえ、さらにやわらかくなるまで約1時間煮る。
4. 砂糖と塩を入れ、混ぜながら煮る。鍋底をかいて底が見えるようになったら火を止め、8等分にする。
5. 米は1時間以上水に浸して炊く。炊けたら、すりこ木で半つぶし（半ごろし）にする。8等分にして円形に丸める。
6. さらしのふきんを水で洗い、かたく絞る。ふきんを広げてあんをのばし、5.をのせて包む。
※大正の頃までは、あんは塩味だった。

【お月見団子】
1人分 346kcal（材料20個分）
上新粉・米粉（粳米）　250g
熱湯　　　　　　　250mℓ
小豆　　　　　　　75g
砂糖（小豆の70%）　50g
塩　　　　　　　　少量
打ち粉（上新粉）　少量
経木

1. 小豆はぼた餅・おはぎと同様に煮て、丸め、あんを作る。
2. 米粉をボールに入れ、少しずつ熱湯を入れて、耳たぶくらいのかたさにこねる。筒状にまとめ、それを20等分して丸め、手のひらでつぶして、1を包む。
3. 蒸し器に入れ、強火で15分蒸す。蒸し上がったらざるにとってくっつかないよう水をかける。

【おつけ団子（すいとん・そばがき）】

1人分 370kcal
水　　　　7カップ（1.4ℓ）
煮干し　　10尾
にんじん　½本（70g）
じゃが芋　2個
大根　　　160g

生椎茸　　4枚
小麦粉・そば粉　合わせて240g
水　　　　160～200mℓ
みそ　　　120g
青菜　　　適宜

1. 鍋に水と煮干しを入れて加熱する。
2. にんじんと大根はいちょう切り、じゃが芋は小さめな一口大に切る。
3. 1に野菜を加え、約5分火が通るまで煮る。
4. 小麦粉とそば粉を水でゆるめにとき、スプーンですくって落とし入れる。団子に火が通るまでさらに煮る。
5. みそで味をつける。
＊具は、季節の野菜なら何でもよい。

【野菜のおべっとう（おねり）】

1人分 417kcal（4～6人分）
じゃが芋（さつま芋）　200g
大根　　　　　120g
にんじん　　　120g
油揚げ　　　　2枚
生椎茸　　　　8枚
水　　　　　　8カップ（1.6ℓ）
煮干し　　　　8尾
みそ　　　　　大さじ4
とうもろこし粉　200g
水　　　　　　400mℓ

1. 野菜、芋、油揚げは食べやすい大きさに切って、水、煮干しでみそ汁を作る。
2. とうもろこしの粉に水400mℓを入れてとき（天ぷらの衣くらいのゆるさに）混ぜる。
3. 2を1に入れてよく混ぜ、4～5分火を通してでき上がり。
＊具は季節の野菜を用い、青味に冬菜、水掛け菜を添える。

【さつま芋ととうもろこしのおねり】

1人分 249kcal
さつま芋　200g
水　　　　4カップ（800mℓ）
とうもろこし粉　200g
塩　　　　2g

1. さつま芋は一口大の輪切りにし、鍋に水とさつま芋を入れてゆでる。
2. やわらかくなったら、とうもろこしの粉を加えて混ぜながら弱火で煮る。
3. 塩で調味し、ねっとりとするまで煮る。

【薄焼き】

1人分 334kcal（4枚分）
小麦粉　300g（3カップ）
ベーキングパウダー　小さじ2弱
砂糖　　60g
水　　　2カップ（400mℓ）

1. 小麦粉、ベーキングパウダー、砂糖をよく混ぜ、水でゆるくとく。
2. フライパンで両面を焼く。
＊小麦粉は30%までとうもろこし粉にかえるととうもろこしの薄焼きになる。
＊そば粉でもよい。

【もろこしまんじゅう（とうもろこし）】

1人分 328kcal
小麦粉　　150g（1½カップ）
とうもろこし粉（細びき）100g（1カップ）
ベーキングパウダー　小さじ2½
ぬるま湯　140mℓ
あんこ　　250g

1. 小麦粉、とうもろこし粉、ベーキングパウダーを合わせて、2～3回ふるう。
2. 1にぬるま湯を加えて耳たぶくらいのやわらかさにこねて、8等分する。
3. あんこも8等分にして丸め、2の皮で包み、蒸し器に入れ、強火で15分蒸す。
＊こんがり焼いてもおいしい。

【黍餅（きびもち）】
1人分 294kcal
糯黍　　100g（0.5合）
糯米　　225g（1.5合）
黄な粉　少量
砂糖　　少量
塩　　　少量

1. 糯黍、糯米は30分吸水させ、水をきる。
2. 炊飯器に1を入れて普通に炊く。
3. 炊き上がったらすりこ木で搗く。
4. 食べやすい大きさに丸め、黄な粉、砂糖、塩をかけていただく。

【おやき（ちゃんこ）】

1人分 266kcal
とうもろこし粉（細びき）・小麦粉
　　　　　　合わせて200g（2カップ）

御師料理レシピ　127

熱湯　　　　150mℓ
野菜あん
　じゃが芋　　75g
　かぼちゃ　　75g
　なす　　　　½個
　ピーマン　　½個
　油　　　　　大さじ1
　みそ　　　　大さじ2
削りガツオ・みりん　小さじ2
1. とうもろこし粉は熱湯を加えて耳たぶくらいのかたさにこねる。
2. じゃが芋とかぼちゃは薄切りにし、3分レンジで加熱するか、ゆでる。
3. なすとピーマンは薄切りにする。
4. フライパンで野菜を炒め、みそ、削りガツオ、みりんで調味しあんにする。
5. 1と4を8等分して、皮であんを包み、10分ほど蒸したあと、フライパンでこんがり焼く。
＊とうもろこし粉と小麦粉はいずれか100％でもよい。野菜は季節のものを使う。

【小豆ぼうとう（お汁粉）】

1人分 497kcal
小豆　　　　200g
水　　　　　2ℓ
砂糖　　　　200g
塩　　　　　小さじ1
ほうとうまたは餅　200g
1. 小豆は渋きりをし、分量の水でやわらかくなるまで煮る。
2. 砂糖、塩を加えて味をととのえる。
3. ゆでたほうとうまたは焼いた餅を加える。
＊ほうとうと餅はそのまま加えて煮てもよい。

【豆餅】
1人分 397kcal
糯米　　　　2合
いり豆（ピーナッツまたは大豆）½カップ
みかんの皮（乾燥）　　½カップ
刻みのりまたは青のり　全形1枚分
砂糖　　　　　　　　　½カップ（55g）
1. 糯米は30分浸水する。
2. 糯米を1時間蒸す。
3. 餅を搗き、せん切りにしたみかんの皮、刻みのり、豆、砂糖を加える。
4. ひとかたまりになったら蒲鉾型にととのえそのまま表面が乾くまでおく。
5. 1～2時間おき、表面が固まったら1cm厚さに切り食べるときに焼いて食べる。
＊砂糖を入れずに作り、食べるときにしょうゆ、砂糖をつけて食べてもおいしい。

【繭玉】
1人分 468kcal
米粉　　　　500g
熱湯　　　　適量
1. 米粉をボールに入れ、熱湯を少しずつ加えて耳たぶくらいのかたさに練る。
2. ピンポン玉ぐらいの大きさに丸め、熱湯に入れてざるにとり、水をかける。
3. ダンゴバラの木（山桑の木）、ナラの木に刺して飾る。

【松茸の吸い物】

1人分 10kcal
松茸　　　　1本（60g）
もやし　　　60g
川のり（水前寺のり、富士のり等）　少量
だし　　　　600mℓ（3カップ）
うすロしょうゆ　　小さじ1¼
塩　　　　　適量
青菜、へぎゆずの皮　適宜
1. 松茸は水にさっとつけて汚れを丁寧に落とす。石づきのところを少しずつ削る。軸の下側のかたいところは除く。軸と笠は縦半分に切る。椀に入れやすい大きさに切る。
2. もやしはひげ根を取り、塩少量を入れた湯でさっとゆでる。
3. 川のりは水でもどす。
4. 吸い地を作る。鍋にだしと2を入れて火にかけ、じんわりと火を通す。香りが立ったらうすロしょうゆ、塩を加える。松茸に火が通ったら火を止め、松茸を取り出す。
5. 椀に2、3、松茸を盛る。4の熱い吸い地を張る。へぎゆずの皮を切ってのせる。
＊青菜とゆずは好みで。

【けんちん汁】
1人分 130kcal
大根　　　　150g
にんじん　　120g
ごぼう　　　60g
じゃが芋（里芋）　100g
木綿豆腐　　200g
ねぎ　　　　60g
だし（昆布、煮干し）　5カップ
塩　　　　　小さじ¾
みそ　　　　大さじ4
1. 豆腐はふきんに包み水けをきる。
2. 大根は5mm厚さ、ごぼうとにんじんはやや薄めのいちょう切りにする。
3. じゃが芋（里芋）は皮をむき、1cm厚さに切る。
4. 鍋を熱して、大根、にんじん、ごぼう、豆腐を入れて、だしを加えて10分煮てから、分量のみその半量と塩を入れ、じゃが芋も加えて5分煮て、小口切りのねぎ

を加える。
5. 残りのみそを加えて味をととのえる。
＊しょうゆ仕立にしてもよい。

【甘酒】
1人分 277kcal
米　　　　　1カップ
水　　　　　5カップ（1ℓ）
米麹　　　　2カップ
塩　　　　　小さじ¼
1. 米は全粥を炊く。60度に保ち麹を加える。
2. 塩を加えて、10分加熱する。

粉食・粒食の伝統食の調理法

奥脇和夫「富士吉田市の粉食慣行」(『富士吉田市史研究』第 11 号)
粉食の調理工程　図 2、粉食の類型図 3 を改編

*生地（おねり）の水分量と加熱法による分類

- 粉食
  - 粒を炒って粉
    - ・こうせん *麦こがし
    - 煮る ── ・おべっとう
    - 練る ── ・こうせんのおねり
  - 粉
    - ゆるい生地
      - 練る ── ・おねり、そばがき *熱湯で練る
      - 焼く ── ・薄焼き
      - 煮る *練る ── ・おべっとう（おねり・ねりくり）
    - 固めの生地
      - 煮る ── ・おつけだんご（すいとん・お汁粉）　*小豆汁に
      - *摘み入れた塊
    - 団子生地
      - *ちゃんこ（扁平）
      - ・だんご球であん入り
      - 焼く ── ・焼きもち・お焼き・ちゃんこ
      - 茹でる ── ・うてもち・ちゃんこ・（だんご）
      - 蒸す ── ・（だんご）
      - ・でっちがえし *蒸したのち団子に
    - 麺生地 *こねて切る
      - 煮る ── ・にごみ・ほうとう・どじょううどん　*小豆汁に
      - 茹でる ── ・うどん・（ゆもり）・そば
      - *（寝かした）生地
- 粒食
  - 粒
    - 炊く ── ・米のめし・あわ（粟）めし
    - ・おばく（大麦を煮たもの）・雑炊
    - 粥 ── ・ねりばく（麦）・ひえ（稗）粥
  - 押し潰し食（蒸して搗く）── ・米のもち・あわもち・きびもち・ひえもち・もろこしもち
  - *ぼたもち

＜小麦粉・米粉・そば粉・とうもろこし粉と水の容量の目安＞

粉に対するおおよその水の割合（容量）	薄力粉	強力粉	上新粉（粳米）	白玉粉（糯粉）	そば粉	とうもろこし粉（粉）	とうもろこし粉（細引き）	とうもろこし粉（粗びき）
1 カップ（200ml）の目安重量(g)	100g	105g	120g	120g	120g	110g	130g	140g
おべっとう・天ぷら衣（ゆるめ）	200 ml	200 ml			200 ml	240 ml	240 ml	240 ml
薄焼き	130〜140 ml	130〜140 ml						
すいとん・そばがき（かため）	160〜200 ml	160〜200 ml			80〜100 ml			
団子・おやき	60〜80 ml	60〜80 ml	120 ml	120 ml	100 ml	100 ml		
うどん	34〜36 ml	34〜38 ml			34〜38 ml			

*小麦粉の主成分であるんぷん質は 70〜75％、たんぱく質は 10％含み、水を吸収するとグルテンが形成されます。このグルテンの多いのが強力粉で、少ないのは薄力粉。この中間が中力粉で国産の粉は中力粉が多いです。
*麦は粒では殻がかたいため、おばくといい、とろ火で長時間煮るか、いって粉にしたり（香煎）、製粉して食べます。
*上新粉は粳米を粉にしたものですが、こねるときに水でこねるとかたくなるので、熱湯でこねます。米のでんぷんが糊化するのでこねるのが楽になります。
*でっちがえしは一度蒸気の上がった蒸し器で生地を 15〜20 分蒸したあと、搗いてなめらかにして成形し、再度蒸す方法。柏餅や草餅等を作るときの製法で、比較的新しいもの。
*そばがきは古くは熱湯で練って食べていたが、現在はゆでる。
*天ぷらを作るときは水分 200 ml の一部を卵（50 ml）でおきかえる。

御師料理レシピ　129

御師住宅関連資料

御師町は元亀3年（1572）に作られた町割りを基本に、富士道（国道139号）の上から、上宿・中宿・下宿とコミュニティが分かれており、日本の伝統的な木造建築として一定の形式を保ちながら御師住宅は残されています。老朽化や生活様式の変化により失われる家の多いなか、残っている各家は時代に合わせた住まい方をしており、それぞれ個性があり魅力的です。多くの御師住宅は普段は一般住居のため非公開ですが、一般公開している旧外川家住宅をはじめ、民宿やカフェを営む御師の家もあるのでご紹介します。また、「浅間坊 表門」（2015年富士吉田市の有形文化財）や「中雁丸 表門」も残されています。当時の町の様子を伝える貴重な門です。ぜひご覧ください。

（地図）富士吉田市は標高が最も高いところで約850m、低いところで620mと町全体が坂になっており、富士山を中心に上るか下がるかといった概念が多く用いられます。下の地図も南が上となっています。

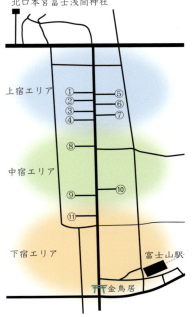

①大鴈丸（上宿東町）

●由来と家系
元は壁谷雁丸と名乗っており、大鴈丸筑後（幕末）—広尾—浪穂—善太郎—一郎—一夫—一志と現在まで続いている。浪穂までは御師を専業としていた。その後、昭和40年に「民宿富岳荘」を開業したが、平成20年に廃業した。

●屋敷
タツミチがあり、川の裏に池と滝、さらに蔵と主屋がある。家屋はそのまま残っているが、家屋の一番奥にあった御神前は昭和40年に取り去った。切妻造、平入、横家で床の間には付け書院があり、家紋「丸に釘抜」を模した見事な障子、組子細工などが飾られている。

●屋敷神と御神前
雁丸稲荷社が屋敷の裏にあり、魂森稲荷を祀る。昭和40年頃までは、初午に近所の人たちがお稲荷講をしていた。現在も毎年2月の初午には、本殿にのぼりを立て、近所の人たちがお参りに訪れている。

● 2016年にfugaku木工ショールームとhitsukiカフェを携えた複合型ゲストハウスをオープン。fugaku木工ショールームでは家具や組子細工、木製品などを展示販売。hitsukiカフェではビーガンやベジタリアン、妊婦や子供も楽しめる身体に優しいおやつや飲み物を提供している。

●宿泊・カフェ利用可
問合せ：Tel 090-7237-1808
　　　　Mail hitsukiguesthouse@gmail.com

②堀端屋（小佐野家住宅）（上宿東町）

●由来と家系
元亀年間（1570年頃）以前から続くとされる富士山御師の家筋である。古吉田時代屋敷の跡には地の神を祀る祠がある。その屋敷が堀の近くにあったので屋号となった。

●屋敷
敷地は間口が17m、奥行が145mで、北西-南東方向に細長く、上吉田の町割りの典型である。タツミチの両側や屋敷の裏は畑として利用され、昔は川に1mほどの滝があった。
切妻造・鉄板葺（元は笹板葺）の主屋も敷地と同じく細長く、間口は13.3m、奥行は33.6mである。主屋南西側は表向き部分で、入口は式台玄関、天井は竿縁天井で、書院造の意匠である。式台玄関、広間、座敷（下段の間）、御神前、内陣と一直線につながる造りで、家族が暮らす生活空間は主屋北東側の内向き部分であり、台所と勝手は梁組を現し、茶の間と納戸は低い根太（ねだ）天井で民家の意匠を用いている。また、別棟で板壁の覆屋（おおいや）をかけた土蔵がある。
住宅の建築年代は、文久元年（1861）の家相図やその翌年から慶応元年（1865）にかけての檀家寄進帳から、文久、慶応年間と考えられる。富士講の隆盛に伴い富士登山者が増加し始めた江戸時代中期以降、主屋内へ神殿を取り込むなど変貌を遂げて一つの到達点を迎えた江戸時代末期の典型例で、宅地も含めて重要文化財に指定されている。

●御神前と屋敷神
御神前の間から、一段床を高くした御内陣の最奥部に富士山の祭神を祀る神殿がある。

●富士講
例年6月3日に神道扶桑教の開山御神火大祭が行われる際、御神寶行列が小佐野家より出発する。

●講社
千葉県の船橋・津田沼・海神・習志野・千葉の講社が来ていた。漁師が多かった。船橋は船一講。

●限定公開

●国の重要文化財
復元された建物が「ふじさんミュージアム」敷地内に建てられている。

③槙田（上宿東町）

●由来と家系：槙田但馬を称した。昭和50年頃まで講社が来ていた。

●屋敷
上吉田上宿の東側の並びに立地する御師住宅。本通りからタツミチを入り、中門をくぐり、マエノカワ（水路）を越えて玄関に至る。玄関手前の左側に土蔵が建つ。主屋は、竪家、妻入、鍵座敷型の建物で、玄関の間は茶室となっている。現在は奥に上段下段の座敷があり、下手に納戸、居間、前面に勝手、台所、土間を設けられている。19世紀以降に大改造がみられるものの、16世紀の町割り当初の柱部材が残る最古の建築とみられ、中世宿坊の源流の手がかりの残る建物といわれている。柱が手斧仕上げになっている点や、広間の裏に居間と納戸をとる前座敷型に通じる形など古い形式が残っている。終戦後に会社の寮、民家に利用されたため、部屋の間仕切りがなされている部分もあるが、室町期にもさかのぼる古い形式の御師住宅を知るための貴重な建物。

●御神前
式台正面の奥に廊下をへだてて一直線上に御神前を設けている。この部屋は主屋から突出した部分として造られており、当初はなかったとみられ、家屋内であるが離れのような造りとなっている。

●講社
東京の講社が多く、神田・浅草の丸仙講、練馬の上石神井の丸を講、練馬の丸吉講、板橋の丸板講、埼玉県北足立郡川田谷村の丸扶講が来ていた。講社が来る日は表通りに講名の入った縦長の旗を立て、お中道巡りや内八海巡りをするとその判を布に押して行衣*に縫いつけた。33回登ると北口本宮富士浅間神社に太々神楽をあげ、それを見ながら宴会を行った。その記念碑が建っている。

●御師の商売
明治末から大正10年頃まで、郡内織物株式会社の事務所があり、東京の富士講の先達や世話人宅で講員を集めて甲斐絹織物を売っていた。逆に東京で練馬大根の種を仕入れて、吉田の農家に売るなどしていた。

●限定公開

④菊谷坊（上宿東町）

●屋号の由来
元は田辺姓で、隣屋敷の大菊（田辺豊後）が分かれたという。菊谷坊といい、菊谷豊後を称した。家蔵の『略系図・由緒』によると、先祖は平賀氏だが、小沢と改め、小沢豊後豊信が剃髪して菊谷坊と称し、武田信虎に従ったという。さらに田辺と改め、文政年間（1818〜1830）に「菊谷」に改名したという。菊谷豊後一千秋（明治21年没）一君平と続くが、秋山家へ嫁いだ娘みち氏が戻り、御師を継いだ。

●屋敷
短いタツミチがある。屋敷地は表通りから川までで、家の前に滝はない。建物は平入、横家で、鍵座敷型で、式台玄関、鍵の手に上段、下段の間の座敷、左手には生活空間である居間、納戸、前面に台所、勝手、土間があり、左右に生活空間と接客空間が振り分けられ、広縁から出入りが行われている。家屋は元の形を残しており、御神前は南へ張り出している。手前に蔵がある。

●御神前と屋敷神
御神前には、浅間様と諏訪明神を祀る。庭に豊栄稲荷と大透廟を祀る。大透廟は菅原道真を祀る学問の神で、1月25日が祭りである。

●講社
秩父の丸大正講、品川の丸嘉講、江戸川の丸星富士講のほかに、神田の丸睦講、船橋の山玉丸下講、松戸の清水講、東京の山谷神徳講、敬神講、不二道孝心講、仙元廣栄講、丸水講、丸弘講、ヤマ参講が来ていた。

●武田信虎の古文書など
最も古い記録として、武田信虎が大月市駒橋の宮の脇六貫文の在所を菊谷坊に対して下し置いた戦国時代の文書が軸装され保存されている。信虎は天文10年（1541）に子の晴信（武田信玄）に甲斐から追放されており、それ以前のものであることは確実である。『勝山記』の大永2年（1522）の条に「武田殿冨士参詣有之、八要（八葉）メサル」とあり、信虎が富士山の山頂を巡ったことが記載されており、上吉田を通過した可能性があるため、その頃の文書とも考えられている。また、弘治4年（1558）の富士山縁起など、戦国期から近世・近代文書が残っており、貴重な文書群が残されている。

●奉納掛け軸
東京・丸水講社から大正9年に奉納された掛け軸は、560名の個人名が手書きで記入され、畳2畳半の大きさがある。

●公開中
牛玉刷り体験可
問合せ：090-1805-2072

⑤筒屋（上宿西町）

●由来と家系
珠数屋（じゅずや）ともいわれていた。小澤彦左衛門が元亀年間に現屋敷に移り、小澤志摩を称した。小澤家は代々御師として浅間神社に奉仕した家で、小澤志摩一彦遅一速瀬一武雄一鯉一郎一太美雄と続き、20代目当主の輝展が継いでいる。開山祭の熟饌と大塚丘の赤飯とじゃが芋とひじきの煮物は現当主の母恵美子さんのお手製。

●屋敷
屋敷にはタツミチ・中門・池・滝がある。家屋は一部改築して木造一部2階建である。主屋は切妻造の妻入で、横家の平面構成をとり、玄関の間、上手に上段・下段の座敷があり、その奥には別棟で御神前がある鍵座敷型。ナカノクチから、下手に生活空間である居間、台所がつながる。中門から見える切妻屋根が印象的な建物である。

●御神前と屋敷神
御神殿・御神前は裏庭を介して、別棟で建てられている。裏庭には石碑がいくつか立てられており、平成30年（2018）に新たな石碑として、富士講の齊藤先達の「顕彰碑」が建立された。

●講社
主な講社は東京板橋の丸吉講赤塚講社、千葉県市原市八幡の丸八講、埼玉県白久の丸瀧講、越谷の丸越講、東京の扶桑教、横須賀丸伊講、横浜丸金神奈川講などである。修験者は成田山東京別院深川不動堂や和歌山県高野山醍宮講がある。戦前は檀家が約1300軒あり、火祭り後の8月下旬から白装束に下駄で檀家回りに出て、約800軒ぐらい回ったという。お札や目薬・甲斐絹の風呂敷・絵葉書・甲州印伝・水晶・元結いなどをお土産にしていた。

●女人御来迎場（女人天上）
富士山は明治以前、女性が頂上まで登ることが禁じられている山であった。女人御来迎場、別名女人天上は、二合目から本道を逸れて、東南方向に1kmほど登ったところにあった。この女人天上の位置が筒屋所有の古文書から明らかになっている。

●宿泊・食事可
問合せ：Tel 0555-22-5059

⑥毘沙門屋（上宿西町）

●由来と家系
佐藤右近と称した。昔、この家の女中が炉の火を絶やし、困って表通りへ出ると、向こうから提灯を持った大勢の人がやってくる。近づいて「火を貸してくれ」と言うと、それは葬式の行列で、「火はやってもよいが、この仏まで一緒にもらってくれ」と言う。仕方なく一緒にもらってきて炉の火を燃やし、その棺桶を開けてみると、それは高さ2尺（約61cm）ばかりの見事な木彫りの毘沙門天像であった。それからこの像を神棚に飾って守り神とし、屋号を毘沙門屋として永く繁栄した。今でも毎年1月3日夜明け前に玄関先で火を燃やし、赤飯を炊いて毘沙門の祭りをしている。

●屋敷
タツミチがある。大正期に増築したが、家屋は元の形を残している。家屋は切妻造竪家で、妻入形式、式台玄関が正面にあり、その奥に御神前を設けている。屋敷地の境には火を防ぐための木を植えてある。以前は滝があって滝で身を清めた。

●御神前と屋内神
家屋の奥に廊下でつないで別棟になっていたが、今は新座敷でつながっている。赤卍講（群馬県太田市）の小池生行翁の行者像がある。
　神棚と霊置は居間にあり、浅間神社・天照大神・毘沙門天像・稲荷が祀られている。えびす大黒は神棚より一段低い廊下に祀る。カッテには秋葉と荒神を祀っている。

●講社
丸藤講（埼玉県志木市）、田端冨士三峰講（東京都北区田端）、赤卍講（群馬県太田市・みどり市）、丸山講（東京）、丸吉講（埼玉県新座市片山・和光市新倉）、神徳講（東京都荒川区南千住）が来ていた。7月13〜17日の東京の盆の頃が最も多く、100人ぐらいは来ていたが、廃業時は20〜30人程度だった。強力がマネキを持って駅まで迎えに行った。

●観覧可

⑦竹谷（上宿西町）

●由来
明治まで小竹屋（こたけや）、姓を竹屋、国名（こくめい）を肥後（ひご）と名乗っていた。屋敷神の少祠（しょうし）には「文明3年（1471）9月3日祀りくる　竹屋坊」と印刻した石を祀っている。
竹屋坊は甲府市右左口（うばぐち）の七覚山円楽寺とともに二合目の役行者堂を経営していた。竹屋家に伝わる口碑には、代々畑にもろこしを作るべからずとあるが、これは永禄4年（1561）川中島の合戦に従軍した竹屋肥後が討死したもろこし畑を忌むことによるもの。上吉田の御師は吉田家あるいは白川家のいずれかの神道の流派に属しており宝暦9年（1759）竹屋肥後ら3人は吉田家から白川家へ帰依した。現在、竹谷、外川家とも姻戚・縁戚者が当主である。

●屋敷
木造平屋建、平入、金属板葺。敷地は縦に細長く、本通りからタツミチを入り、薬医門形式の中門をくぐり、マエノカワ（水路）を越えて玄関に至る。玄関前左側には土蔵が建つ。屋敷は、明治末〜大正期のもので、切妻造で式台を持つ玄関と、その脇にナカノクチと呼ばれる入口があり、ナカノクチからナカノマ・8畳と続き、玄関の間からは座敷が続く2列構成となっている。また北側は居住空間で、ナカノマに並んで茶の間、奥に納戸、手前に突き出した台所がある。納戸の奥は、現在増築されて部屋が続くが、元は渡り廊下と水回りがあり、その先に御神前が離れとして続いている。

●講社
竹屋の檀家は、慶応3年（1867）の記録である「西側惣御師持旦家取調帳」には、武蔵国（現在の東京都・埼玉県・神奈川県の一部にあたる）を中心に74か村と記されている。丸宝講社、丸岩講社、山吉講社、丸千行社が竹屋の主な講社だった。竹屋は夏山の2か月間のみ吉田口登山道二合目にあった役行者堂（明治初期に廃絶）の管理を代々任されており、行者堂で登山者に配られた木版が今も残されている。

●限定公開

●国の登録有形文化財

⑧大国屋（中宿東町）

●由来と家系
町が古吉田から移った元亀3年（1572）に、根の神（大黒様）も現社地に移された。その近くに屋敷取りをしたので屋号となった。根の神社の祠官＊を務めた。田辺和泉と称した。食行身禄が宿泊し富士講信者の経典『一字不説の巻』を書き上げた宿坊である。田辺和泉ー屯倉麿ー次寸ー真一四郎ー18代当主・満と続く。真氏は浅間神社の宮司を務めた。現在も講社が来ている。昭和36年頃から御師民宿として観光・合宿などに開放を始めた。山小屋は太子館とつながりがある。

●屋敷
木造平屋建、切妻造、平入、金属板葺。タツミチがあり、家屋は古いまま残っている。南北に長く建っている横家で、御師の家の玄関は主人と先達しか出入りしなかったので、タツミチから玄関が見通せないようにずれている。タツミチ正面にナカノクチと呼ぶ出入口、その隣に玄関があり、上手に上段・下段の間の座敷の接客空間、下手に居間、納戸、手前に台所と勝手などの生活空間になっている。

●御神前と屋敷神
川の前に本殿・拝殿を持った御神殿があったが、戦時中に松山に移し、松尾神社の本殿にした。現在、講社は上段の間にオミヌキの文字を用いた掛け軸を飾り拝んでいる。

●講社
16の講社を持っていた。丸藤講（東京）、宮元講（早稲田）、十三夜講（高田）、十三夜講（中野）、鉄砲洲講、鳴子講、淀橋講、大塚講、関口講、一山講社、摩利山神明講（千葉）、青柳講（市原市）、一山講、生麦講（横浜）、丸大講（東京千住）、扶桑教（東京）。現在も富士講を迎え入れている。

●檀家回り
昭和20年までは16の講社を回った。正月の七種祭のあとから2月3日の節分祭までと、3月までは何度も行き来し、先達、講元、世話人の家を回った。お札、真綿、羽織ひも、甲斐絹、漢方薬をお土産に持参した。

●宿泊可
　問合せ：Tel 0555-22-3778

⑨大注連（中宿東町）

●由来と家系
しめ屋・大注連屋と称した。明治以前は小沢姓で、小沢因幡と称したが、明治になって大注連に改姓した。大注連幡丸一次根一浄一康雄と続く。御師は先々代までで、昭和40年頃廃業した。明治期、次根氏は、丸山教の設立に助力し、しめ屋を神道丸山教起元道場とした。山小屋は東洋館、トモヱ館に泊まる講社が多かった。

●屋敷
表門、タツミチ、薬医門形式の中門があり、中門の内側に滝が残る。現在でも滝が勢いよく流れている。家屋は切妻造で一部改築し、神殿を取り去ったが、旧態をとどめている。神殿は奥の間に西向きにあった。家屋裏の中庭に稲荷を祀り、その裏は畑となっている。玄関から出入りできるのは、御師の主人と長男と先達だけだった。ナカノクチは家の女の人、勝手口は使いの者が出入りした。講社は縁側や裏から足を洗って出入りした。

●講社
丸山教は明治末から大正期に盛んになり、大注連の檀家は丸山教の講社だけとなった。丸山教は8月6日に来た。主人がマネキを持って金鳥居まで迎えに行き、坊入りをした。御神前で祈祷し、泊まって翌朝早く出発し八合目の東洋館に泊まった。登頂をすませて、その夜は再び大注連に泊まって帰った。大注連では大きな布団を敷いて廊下にまで寝かせた。中庭に丸山教の石碑がある。御師をやめてからも、丸山教の講社は大注連に立ち寄ってから登山した。昭和60年に昭和大学の近くに丸山教の教会が建ってからは立ち寄らなくなっている。

●疱瘡神
玄関の上の軒に疱瘡神の小祠が上げてある。

●檀家回り
明治から大正に盛んになり、のちに丸山教の講社のみとなった、冬に檀家回りをして厄除けの祈祷をした。

●非公開

⑩上文司（中宿西町）

●由来と家系
はじめは城山の東の小佐野にいたが、古吉田に移り、元亀元年（1570）に現屋敷に移った。上文司淡路を称した。上文司淡路一清親（幕末）一静枝一正一明一逞一厚と続く。現当主の祖父の代から北口本宮冨士浅間神社の神職も務めている。現在も富士講の講社が来ている。

●屋敷
幕末〜明治初期、木造平屋一部2階建、切妻造、平入、金属板葺。敷地は縦に細長いが、比較的間口は広い。本通りからタツミチと呼ぶ通路を入り、長屋門をくぐると主屋がある。右手に長屋門から主屋をつなぐように2階建の増築部があり、長屋門と増築部の間が玄関である。現在の主屋は、元の主屋を取り壊したあとに奥にあった離れの建物を曳き家したものという。主屋は北から10畳3室、御神前が並び、さらに増築された10畳が接続し東全面に前廊下が通り、御師住宅の要素をよく示している。長屋門は元治元年（1864）の建築であり、主屋の建築年代は幕末から明治初期と推定されている。

●屋敷神
根の神社の境内に上文司家と刑部家（御師小猿屋）で祀っている稲荷の祠がある。刑部家が御師を廃業してから上文司家だけで祀っている。祠には天文年間（1532〜1555）の稲荷の石碑があり、現在は上文司宅の御神前に祀られている。

●講社
栃木市の晴山講、佐野市の佐野丸講教会、熊谷市の丸上講教会、東京麻布の山三元講、新座市の大吉講、伊豆大島の山岩講社、東京田無の丸嘉講。

●限定公開

●国の登録有形文化財

⑪旧外川家住宅（下宿東町）

●由来と家系
仁科六郎右衛門清信が、元亀3年（1572）に上吉田に移り、その子隼人秀信が外川と改姓したという。仁科氏は清和源氏頼信の子孫だという。外川兵庫または能登と称した。屋号は塩谷だった。昭和37年に廃業した。

●屋敷
明治末〜大正頃、切妻造、金属板葺。タツミチ・中門があり、家屋は元のまま残っている。街路から奥まった敷地は奥行八十間ほどの長大な短冊形地割りの屋敷地。主屋と離れ座敷が前後に並び建ち、2棟から構成される竪家の形式で、細長い形状の屋敷となっている。
　主屋は明和5年（1768）の建築で、年代の明らかなものとしては最も古い富士山御師住宅の遺構とされる。また江戸末期の建築とみられる離れ座敷は、中央部に御神前を備え、背面に上段・下段の間があり講社の出入りは広縁から行われる。手前の主屋は生活空間となっており、寄棟屋根の式台玄関が特徴的で、富士信仰の流行とともに発展した姿をよくとどめている。

●御神前
家屋内にあり、身禄の像2体と角行の像がある。

●講社
東京と千葉の講社が来ていた。東京の講社は、丸鉄講（浅草）、山真講（新宿）、山包丸浅講（本所）、山真丸守講（広尾）。千葉の講社は、山真十三夜講（小見川町白井）、丸八講（市原市）、山包講（五井）、山水成田講（成田市）、山正講（木更津）。神道扶桑教も来た。
　講社は三合目なべ屋一五合目たばこ屋一六合目扇屋一七合目居室（または東洋館）一八合目富士山ホテル一頂上東京屋で休憩をとり、鳥居室で宿泊して登山した。
　御神前で神徳経の拝みをした。登山に出発する朝は三種の祓いをした。

●観覧可
開館時間：9:30〜17:00（最終入館は16:30まで）
休館日：毎週火曜日
問合せ：Tel 0555-22-1101

●国の重要文化財

●世界文化遺産・富士山の構成資産

歴史略年表

*北口本宮冨士浅間神社は古くは浅間明神、冨士嶽神社、冨士浅間神社とされていたが、ここでは現在の名称である北口本宮冨士浅間神社と記す。

富士吉田の御師町の歴史と食文化

●先史［縄文・弥生・古墳時代］
縄文時代早期　新倉の池之元遺跡や大明見の古屋敷遺跡に集落が営まれる
B.C.299（孝安天皇92）6月1日（旧暦）富士山が全容を現す。この年が庚申年にあたったため、以降富士開山の「御縁年」となる
110（景行天皇40）日本武尊が大塚丘において富士山を遥拝

●古代［飛鳥・奈良・平安］
552（欽明天皇13）　仏教伝来
607（推古天皇15）　遣隋使
630（舒明天皇2）　遣唐使
672（弘文天皇元・天武天皇元）飛鳥京。律令国家になり貴族と庶民の階級社会成立
710（和銅3）　平城京
719（養老3）　行基、西念寺を創建。富士山来迎の阿弥陀三尊を安置
788（延暦7）　甲斐国主の紀豊庭朝臣が大塚丘の北方に社殿（後の北口本宮冨士浅間神社）を建立
794（延暦13）　平安京

●中世［鎌倉・南北朝・室町・戦国時代］
1191（建久2）　源頼朝が北口本宮冨士浅間神社に参拝
1192（建久3）　源頼朝征夷大将軍となる
1223（貞応2）　北口本宮冨士浅間神社が北条義時によって社殿造営
1290（正応3）　3月遊行二世他阿真教が西念寺に止宿し時宗道場と改宗
・甲斐守護、戦国大名の武田氏や郡内領の国衆である小山田氏が支配
1338　室町幕府
1427（応永34）下吉田に月江寺を開いた禅僧・絶学祖能が没
1480（文明12）北口本宮冨士浅間神社に大鳥居が造営される
『妙法寺記・勝山記』に吉田の地名が初見、古吉田に御師が集住
1533（天文2）　河口湖渇水、上吉田や谷村の火災、下吉田衆と渡辺庄左衛門の間の水争い（『妙法寺記』）
1559（永禄2）　郡内領主小山田信茂が悪銭取締りのため富士山五合目中宮での銭改めを命じる
1561（永禄4）　武田信玄が東宮本殿造営
1572（元亀3）　4月富士講の開祖角行が吉田口より初登山し修行
・雪代のため御師町が古吉田から現在の上吉田へ全村移住完了
・吉田の火祭りの際の神輿の渡御についての記述『吉田新宿之帳』にあり

●近世［安土桃山・江戸時代］
1576（天正4）　北条と小山田との戦火で上吉田・下吉田が焼かれる（『妙法寺記』）
1582（天正10）武田家・小山田家滅亡。6月、本能寺の変。天正壬午の乱により徳川家康が甲斐全域を確保。郡内地方は徳川氏の家臣、鳥居氏が治める
1594（文禄3）　浅野氏重、西宮本殿造営、大鳥居造営、諏訪神社本殿、幣殿・拝殿造営
1607〜11（慶長12〜16）　福地用水（ヤーナ川）拡幅
1615（元和元）小室浅間社が鳥းzzdzzz土佐守の本願により造営される
1633（寛永10）秋元氏谷村藩主となる。都留郡の治水、普請事業や郡内織を奨励。海外渡航帰国禁止。鎖国
1646（正保3）　6月3日長谷川角行106歳で没
1671（寛文11）1月17日食行身禄、伊勢国一志郡下川上に生まれる
1632（寛永11）お茶壺道中始まる
1704（宝永元）上吉田下吉田谷村藩領から幕府領となり代官所の支配となる
1707（宝永4）　富士山の中腹から噴火があり宝永山ができる
1720（享保5）　五味子献上開始
1724（享保9）　古吉田にあった上吉田が西方に移転
1728（享保13）幕府から薬草御用地を薬園として下賜される
1729（享保14）食行身禄、富士信仰の教義書『一字不説の巻』著す
1731（享保16）食行身禄が従来からある富士山への女人登山の禁制を拒否

日本食生活文化略史

●先史［縄文・弥生・古墳時代］
B.C.3万年　狩猟集団により環状のムラが形成
B.C.9000　竪穴住居、炉穴、団栗貯蔵
B.C.4000　貝塚（鯛、鱸、鰹、イルカ）、鳥獣、木の実〈栃の実、団栗〉
B.C.1500　石皿、たたき石などの石器使用
・縄文後期　北九州で水稲耕作始まる
・弥生　灌漑用水がととのい、水田稲作。小国が誕生
・農耕器具（青銅器・鉄器）の発達

●古代［飛鳥・奈良・平安］
539〜71　こんにゃく伝来
675　肉食禁止令「莫食牛、馬、犬、猿、鶏之宍」、狩猟法も制限（『日本書紀』）
700年代　たびたび殺生禁の御布令
『古事記』五穀（稲、粟、稗、麦、豆）表記
『日本書紀』五穀（稲、粟、麦、大豆、小豆）表記
『風土記』『万葉集』
889〜98　1月15日に小豆粥を作る風習始まる
905　『延喜式』大饗料理（貴族料理）
931〜38　『倭名類聚鈔』動植物事典の編纂
　塩（荒塩・醤・未噌）、酸味（米・梅・葡萄酢）、甘味（飴・蜜・甘葛汁　砂糖）、うま味（豉・煎汁）、油、蘇、酪、醍、鮨、芋類、海菜類（昆布・若布・鹿尾菜他）等、食品・加工食品多数記載
1007『小右記』藤原道長、春日詣でほうとうを食する
『土佐日記』『伊勢物語』『枕草子』『源氏物語』
1161　藤原忠通、東三条殿にて大饗催す。偶数の料理、四種器、箸と匙しめす（『類聚雑要抄』）

●中世［鎌倉・南北朝・室町・戦国時代］
1191　栄西、宋より茶種もたらす。『喫茶養生記』を著し、茶を礼賛
1227　禅宗（曹洞宗）道元、宋より精進料理をもたらす（寺社料理）。豆腐、高野豆腐、納豆、湯葉、干し椎茸のだし
1237　道元『典座教訓』
1246　道元『赴粥飯法』を著し食事作法、給仕、食器の洗い方を記す
1318　伊勢大神宮の服忌令成立。猪や鹿を食した場合100日間の参拝禁止（『文保記』）
1330『徒然草』鯉は重んずべき魚、雉、松茸並ぶもののない食品
1336『鈴鹿家記』宇治丸（うなぎ）、すし、弁当の記載
　『大草家料理書』（将軍家）
1370頃『庭訓往来』
1341　塩瀬、鎌倉に菓子店創業
1450　すり鉢が普及。みそ汁が一般化
1465　亥の子餅の記述（『親元日記』）
1541　カンボジア産南瓜の種、ポルトガル人により渡る
1532〜55　夕顔の種子が丹後から下総に渡り、栽培始まる
1550　本膳料理（武家料理）の台所の風景、包丁式描かれる（『酒飯論』）
・上流階級の饗応（婚礼）、魚瓜、包丁式、茶の湯描かれる（『鼠草紙絵巻』）
・高麗茶碗流行（『茶の湯の歴史』）・茶の湯・茶事確立（千利休）
・懐石料理（茶を飲むための料理として確立）『南方録』
1563『松屋会記』

●近世［安土桃山・江戸時代］
1574　下総、野田でしょうゆ製造始まる
1582『多聞院日記』卸金初出
・四条流庖丁書（朝廷）
1598　ジャガタラ芋伝わる
1603『日葡辞書』
1610　奄美大島にさとうきびの栽培法伝わる
1611　小田原藩主（大久保忠隣）、家康に生鮭・塩鮭献上（『徳川実紀』）
1616　有田で磁器の焼成始まる　1618　京焼（清水焼、粟田焼）開始
1630『和歌食物本草』

年	事項
1733（享保18）	村上光清、北口本宮冨士浅間神社の修復を開始
	7月17日食行身禄が富士山の七合五勺目の烏帽子岩で31日間の断食後入定
・新たな町割りが行われて上吉田と下吉田は一体化、鎌倉往還や富士道の途上にあたる物流の拠点となる。街道沿いの計画都市が形成される
・水掛け麦など農業生産力を向上させる　・道祖神祭礼など行われる
1742（元文7）	村上光清、北口本宮冨士浅間神社の修復、改修完了
1779（安永8）	最初の富士塚が戸塚町（現新宿区西早稲田）の水稲荷社地内に築造される
1833（天保4）	天保の大飢饉が始まる
1835（天保6）	五味子献上取りやめ
1836（天保7）	8月天保騒動、都留郡に発し甲斐一国規模の百姓一揆に発展
1857（安政4）	下吉田村から市立ての願いが出される
1865（元治2）	用水用トンネル・新倉掘抜が完成
1868（慶応4）	5月上野戦争。江戸上野において彰義隊ら旧幕府軍と新政府軍によるこの戦いで、新政府軍は江戸以西を掌握した

●近代［明治・大正・昭和］

年	事項
1868（明治元）	上吉田の御師団有志29名が討幕運動に加わり、官軍として公認され蒼龍隊を結成。東征大総督有栖川宮の護衛に参加
	神仏分離が出され富士信仰も神道に改編される
1869（明治2）	神職の葬儀は神葬祭に改めるように命じられ、御師は正規の神職ではないため神葬祭禁止に
1871（明治4）	7月神仏分離令により御師職そのものが廃止され、ほとんどの御師は平民に編入
1875（明治8）	上吉田が松山村・新屋村と合併して福地村に改称
	下吉田が新倉村と合併して瑞穂村に改称
1885（明治18）	吉田市場を開設。毎月1・5日の日割りで開市
1888（明治21）	国が富士北麓11か村入会地を国有林とする
1889（明治22）	甲武鉄道の新宿―八王子間が開通。東海道線（御殿場線）の御殿場駅が開設
1900（明治33）	大月―吉田―山中―御殿場間に都留馬車鉄道が開通、「テト馬車」と呼ばれる
1902（明治35）	中央線の大月駅（大月市大月）が開設
1907（明治40）	北口本宮冨士浅間神社東宮本殿が国の重要文化財に指定される
1908（明治41）	同業組合が吉田市場を共同織物貯蔵場として管理し取引を整備し繁盛した
1913（大正2）	取引の減少により吉田市場が廃滅
1914（大正3）	社司・社掌・産子惣代の合議により火祭りの祭日が8月26・27日と決定され、陰暦7月21日から新暦8月26・27日に固定化
1917（大正6）	富北軌道が上吉田―船津間開通
1919（大正8）	富士自動車会社が大月―吉田間開通
1921（大正10）	吉田・大月間に軽便電車が開通し国鉄中央本線とつながる
1924（大正13）	吉田―御殿場間に定期バスが開通
1926（昭和元）	富士山麓電気鉄道の富士吉田駅が設置
1927（昭和2）	富士山測候所開設
1929（昭和4）	吉田胎内樹型が国の天然記念物に指定される
	富士山麓電気鉄道の吉田―大月間が開通
	下吉田駅・月江寺駅が開業
1931（昭和6）	満州事変
1936（昭和11）	旧日本陸軍が富士北麓の民公有地を買収して北富士演習場を開設
1939（昭和14）	瑞穂村が下吉田と改称。町制を施行
1941～45（昭和16～20）	太平洋戦争

●現代［昭和・平成］

年	事項
1945（昭和20）	吉田空襲（武蔵航空吉田工場、岳麓農工学校を爆撃）終戦により米軍が進駐。北富士演習場を米軍が接収
1947（昭和22）	福地村が富士上吉田町と改称。町制を施行
1949頃（昭和24）	織物生産自由化。誰もが織物が織れるようになる
1951（昭和26）	3月20日3町合併により市政に移行し、富士吉田市が

年	事項
1640～41	家光、番士一汁三菜酒3盃、番頭二汁三菜肴、吸い物は無用、酒3盃に限る。二汁五菜までと定める（『徳川実紀』）
1642	『料理切形秘伝抄』43『料理物語』
1648	野々村仁清、御室窯開き、製造開始
1649	名古屋で初めて酢がつくられる
1657	『武江年表』金龍山門前　茶飯、豆腐汁、煮染、大豆、初出
1659	隠元禅師、黄檗山万福寺創建し普茶料理始まる。煎茶、隠元豆
・江戸の食べ物屋、高級料理屋、料理茶屋の隆盛
1668	『料理塩梅集』71『料理献立集』74『江戸料理集』
1669	天ぷら初出（『料理食道記』）
1687	生類憐みの令発布（『徳川実紀』）
1688～1704	瀬戸十州、塩の主産地として大量に生産
1689	『合類日用料理抄』93『八百屋集』
1696	『浮世草子』竹輪、皮鮨、鮎膾、引килき小鰺の塩煮、早鮨等記載
1696	『茶湯献立指南』97『本朝食鑑』『和漢精進新料理抄』
1704	『大和本草』貝原益軒。甘蔗が薩摩から長崎に伝わる
1711	この頃、江戸に鰻の蒲焼きできる
1714	『当流節用料理大全』18『古今名物御前菓子秘伝抄』
1729	『料理無言抄』30『料理綱目調味抄』たです付け焼きうなぎ
1730	『南蛮料理書』
1746	『黒白精味集』49『ちから草』50『料理山海郷』
1758	土佐与市、カツオ節製造改良土佐で考案
1760	江戸に居酒屋できる
1764	『料理珍味集』
1768	杉田玄白、食物の栄養を説き、栄養の語が初めて使われる
1771	会席料理店初出
1782	『豆腐百珍』83『豆腐百珍続編』
1785	『卵百珍』『大根百珍』
1787	『七十五日』江戸の飲食店紹介。すし、そば、おでん屋台増加
1788	流山でみりん生産増加（『日本食文化人物事典』）
1789	『甘蔗百珍』95『海鰻百珍』
1795	高松藩で砂糖の製造に成功
1800	『万宝料理秘密箱』01『料理早指南』02『名阪部類』03『素人包丁』
1803	煎茶の会流行（『武江年表』）
・長命寺の桜餅、船橋屋の羊羹、浅草泥鰌料理屋開業
1808	菓子類に国産砂糖使用
1819	『精進献立集』
1822	江戸でにぎりずしが作られる
1832	『鯨肉調味方』34『早見献立帳』
・救荒植物*、そば、じゃが芋の栽培
1843	江戸で稲荷ずしを売り始める　43『貞丈雑記』46『蒟蒻百珍』
1854	『会席料理秘嚢抄』54『守貞謾稿』
・長崎に西洋料理店開業、横浜に江戸に西洋料理店開業、牛鍋屋開業多数

●近代［明治・大正・昭和］

年	事項
1870	玉川上水の羽村―内藤新宿間通船開始。1日で運搬可能になる
1871	『安愚楽鍋』肉食肯定
1872	太陽暦採用。『西洋料理指南』／精養軒ホテル開業
1876	官営ガラス製造所、品川に設立。食具、器具製造　88払い下げ
1876	山梨葡萄酒製造開始　79静岡蒲鉾製造盛況
1877～97	製氷工業開始時期
1880	『くりやのこころえ』（女学校の教科書）
1882	岡山白醤油発明
1884	鮭の孵化、養殖新潟村上で開始
1894	日清戦争後、朝鮮米が輸入
1895	満州より大豆輸入、買いみそが一般化
1898	『日本料理法大全』
1901	『東京風俗志』
1902	鱒の放流、青森十和田湖
1905	『月刊　食道楽』創刊
1908	グルタミン酸ソーダを調味料として製造
1910	ビタミン発見
1915	東京ステーションホテル開業（辰野金吾設計）
1920	生活改善同盟会設立
1921	栄養学会創設
1922	帝国ホテル完成（フランク・ロイド・ライト設計）。東京会館創業
1925	三浦地方の大根を三浦大根と命名

巻末資料　135

年	事項
	誕生。初代市長に堀内昇（下吉田町長）
1952（昭和27）	富士登山バス、五合目まで運行開始
1953（昭和28）	北口本宮冨士浅間神社本殿および西宮本殿が国の重要文化財に指定される
1954（昭和29）	上吉田御師の家を東京都民寮に指定（富士寮）
1955（昭和30）	金鳥居が再建され、翌年に銅板巻き工事が終了
1956（昭和31）	7月1日 富士山山開きの登山客が1,009人となり戦後最高を記録。8月には8万3,325人を突破し空前の記録となる
1958（昭和33）	北富士演習場が米軍から国に返還される
1960（昭和35）	富士山麓電気鉄道から社名を富士急行株式会社へ変更 富士山吉田口に案内人組合と乗馬組合発足
1961（昭和36）	食行身禄の御身抜及び行衣・野袴が県の有形民俗文化財指定
1962（昭和37）	富士山をきれいにする運動始まる
1964（昭和39）	富士山有料道路（富士スバルライン）が開通
1966（昭和41）	北口本宮冨士浅間神社神楽舞が市初の無形文化財として指定される
1967（昭和42）	新宿から富士山五合目直通バス運転開始。甲府都市圏と富士北麓地域を連絡する新御坂トンネル開通
1968（昭和43）	豆腐、こんにゃく、県内初の協業組合「富士シーラー」発足
1969（昭和44）	3月 中央自動車道の富士吉田線が開通。国中地方や首都圏とつながり観光都市化とともに工場や大学の誘致が進む
1970（昭和45）	稲作の作付け転換として市内の富士開拓農協が盆栽用のカラマツの苗の生産に乗り出す
1973（昭和48）	菊田式部広道筆『菊田日記』（36冊）が市の有形文化財に指定される。上吉田、御師小沢鯉一郎方で江戸期の『勘右衛門日記』が発見される 北富士演習場の管轄が米軍から自衛隊に移される 吉田林務事務所の指導で富士北麓の農家が蕨栽培に成功
1975（昭和50）	上吉田の御師の家を重要文化財にと文化庁と県が調査（小佐野倍彦家と槙田栄家の2か所）
1976（昭和51）	御師住宅・小佐野家住宅、重要文化財に指定を文化財保護委員会で文相に答申し、国の重要文化財に指定
1981（昭和56）	富士山吉田口登山道六合目に富士山安全指導センター開設
1986（昭和61）	富士山元講が市の無形民俗文化財に指定
1987（昭和62）	食行身禄筆『一字不説の巻』が市の有形文化財に指定
1992（平成4）	北口本宮冨士浅間神社太々神楽が県の無形民俗文化財に指定
2010（平成22）	夏山シーズン中の山梨県側の登山者数（富士山安全指導センター通過人数）が初めて25万人の大台に乗る
2011（平成23）	御師住宅・旧外川家住宅が国の重要文化財に指定される
2012（平成24）	吉田の火祭りが国の重要無形民俗文化財に指定される
・	吉田口からの富士山登山者数が過去最高の18万9771人となる
2013（平成25）	富士山が世界文化遺産に登録される
2015（平成27）	浅間坊表門が市の有形文化財に指定される
2017（平成29）	北口本宮冨士浅間神社の拝殿および幣殿、恵毘寿社および透塀、神楽殿、手水舎、随身門、福地八幡社、諏訪神社拝殿、社務所 御師住宅上文司家住宅主屋、原家住宅主屋、国の登録有形文化財に指定される
2018（平成30）	3月 富士吉田市による「御師料理」シンポジウム開催

年	事項
1928	初鰹八丈島300尾、相模湾鮪大群到来で小田原で売れ残る
1932	ビタミンB1欠乏、脚気と発表。緑茶にビタミンC含量多いと解明
1935	『栄養と料理』創刊
1939	米穀配給統制法公布。物価統制令公布で砂糖が配給制
1940	芋、大豆粉など菓子普及
1942	食糧管理法施行（食塩、味噌、醤油、米）
1943	陸軍獣医学校研究部『食べられる野草』刊行
1943	全配給物の購入手帳配布。料理屋の新築が禁止
1944	砂糖配給停止

●現代［昭和・平成］

年	事項
1948	香川綾、計量カップ・計量スプーン実用新案特許
1949	日本家政学会設立
1952	栄養改善法公布
1953	テレビ放送開始
1954	学校給食法公布・パン給食
1956	NHK料理番組開始 全日本調理師連盟設立 西武ストア（現在の西友）設立 第1回日ソ漁業交渉開始 『国民生活白書』刊行開始
1957	グルタミン酸ソーダを発酵法により製造
1958	インスタントラーメン発売
1960	核酸系調味料の開発
1961	電子レンジ国産第一号（東芝）発売
1964	東京オリンピック
1966	野菜安定出荷安定法公布
1969	コンビニエンスストア創業
1970	ファーストフードチェーン店開業 ファミリーレストランの開業 大阪万博
1975	文化財保護法 伝統建造物群保存地区の制度発足
1980	うま味調味料と呼称変更
1982	内食（惣菜、弁当）増加
1983	エスニック料理の流行 イタリア料理流行 ワインの消費拡大
1989	食生活ジャーナリストの会発足
1990	食生活学会設立
2003	無形文化遺産の保護に関する条約 ユネスコ
2005	食育基本法公布
2013	「和食；日本人の伝統的な食文化」がユネスコ無形文化遺産に登録
2015	食育基本法改定
2017	文化芸術基本法案公布

用語の解説

[ア行]

あおうま【白馬】 p.37 →節会

あわ【粟】 p.111
イネ科の1年草作物。粳種と糯種があり、富士吉田では日常食として食べられるほか、小正月の農飯として食べられる。全国的にはどぶろくや焼酎等の材料としても知られ、蒸留酒をお神酒としている地域もある。粒のまま粳米に1～2割混ぜて飯として食すほか、粉にひいたオカラクといわれる粉食もある。

うちはっかい・そとはっかい・もとはっかい【内八海・外八海・元八海】 p.23
内八海は泉瑞湖、山中湖、明見湖、河口湖、西湖、精進湖、本栖湖、四尾連湖である。ただし、資料によっては泉瑞湖ではなく、須戸湖（浮島沼）あるいは長峰濁池を入れる場合もある（『甲斐国志』『甲斐名勝志』『駿河国新風土記』）。外八海は、琵琶湖、二見ヶ浦、箱根湖（芦ノ湖）、諏訪湖、中禅寺湖、榛名湖、桜ヶ池、鹿島海（霞ヶ浦）とされ、元八海と呼ばれる忍野八海は、忍野村の出口池、御釜池、底抜池、銚子池、湧池、濁池、鏡池、菖蒲池を巡るもの。

うらぼんえ【盂蘭盆会】 p.59
お盆の仏事供養または供養のための法要・儀式のことで、略して盆会、盆供（ぼんく）、盆といわれ、魂祭（たままつり）とも呼ばれる。

えびす【恵比須・恵比寿・夷・戎・蛭子】 p.70
七福神の一つ。蛭子神（ひるこのかみ）、大国主の息子である事代主（ことしろぬし）ともいわれる。風折り烏帽子に狩衣（かりぎぬ）、指貫（さしぬき）を着け、釣り竿で鯛を釣り上げている姿をしている。商売の神として祀られる。

おさかいまいり【お境参り】 p.49
4月（旧暦3月3日）の節句に行われていた行事。家族で北口本宮冨士浅間神社の裏にある諏訪森から馬返しの周辺、二合目まで出かけ、富士山を遥拝したあと、重箱に詰めたお弁当を食べる。聖域である御山（富士山）と麓との境界に参詣すること。

おし【御師】 ※本著では富士山御師をいう
富士講の信者に対する宿舎や食事の提供をはじめ、教義の指導や祈禱、各種取次を行うなど、富士信仰の全般にわたって世話をする存在。御師は檀那（得意先）を持っており、檀那が集中する場所を檀那場といった。富士吉田の御師は関東一円を主な檀那場としていた。伊勢御師は「おんし」という。

おたびしょ【御旅所】 p.17
神社の祭礼で神が巡業の途中で休憩または宿泊する場所。

おちゅうどうめぐり【お中道巡り】
富士山の中腹五合目から六合目あたりを水平方向にぐるっと1周結んだ20kmぐらいの道を富士講の信者が巡拝した。オユルシの判を押した布を御師が行衣につけた。

おひまち【オヒマチ】 p.27
各町内の近隣の人で構成され、集まって神様にお供えしてお祓いをし、各戸から米や会費などを集めて料理を作って行う祝宴の行事。

[カ行]

かいせきりょうり【懐石料理】 p.77
茶の湯の席で出される時系列型の料理。精進料理の調理技術をとり入れ確立された。椀、小吸い物以外は盛り合わせて供し、各自が取り分ける。汁、向付、椀盛り、焼き物、強肴、小吸い物、八寸、湯桶

かいせきりょうり【会席料理】 p.77
江戸時代の料理屋の発達により高級料理屋で提供された予約制の宴会料理のこと。食事の形式は次第に時系列型に変化した。前菜、椀、向付、口取り、鉢肴、炊き合わせ、小鉢、止め椀、飯、香の物。

かけじく【掛け軸】 p.20
書や画を裂地（布）や紙で表装したもの。

かみだな【神棚】 p.38
注連縄は清浄な場所を示すもの。通常、途中に紙垂をつけて垂らす。榊立てには常緑樹の榊が立てられ、神前には「雲鏡台（うんきょうだい）」に据えられた「神鏡（しんきょう）」がおかれ、神饌をのせるための「八足案」という台の上に、お神酒を入れる瓶子、水を入れる水玉、塩を入れる皿等のせた三方や折敷がのせられ祀られる。

かりぎぬ【狩衣】
古く、公家が常用した略服。平安時代には公家の平常の略服であったが、鎌倉時代以後は公家・武家ともに正服、または礼服として用いた。

かんこうさい【還幸祭】 p.65
祭事の基本は神迎えと神送り儀礼を重んじる。その際に神霊が御輿より社殿に戻る祭事。

きたぐちほんぐうふじせんげんじんじゃ【北口本宮冨士浅間神社】
現在北口本宮冨士浅間神社は古くは景行天皇50年浅間明神、明治元年冨士嶽神社、明治43年冨士浅間神社と名称が改められ、昭和21年に現在の名称となった。

きび【黍】 p.111
イネ科の1年草作物。粳種と糯種があり、糯種が多く作られており、食べるときは糯黍は糯米と一緒に炊いて作られることが多い。

きゅうこうしょくぶつ【救荒植物】 p.135
山野に自生する植物で、凶作による飢饉等の場合に食料になるもの。

ぎょうえ【行衣】 p.131 道者が身につける白衣。

くご【供御】
天皇が召し上がるもの。その飲食物をいう。ときには上皇、皇后、皇子にもいい、武家時代には将軍の飲食物にも用いた。

けいだいしゃ【境内社】 p.63
ある神社の境内に鎮座し、その管理下にある他の神社。

けんちゃ【献茶】
神仏に茶を献ずること。

げんりき【験力】 p.3
修行して得た力。功徳のしるしが現れること。

こうしん・かのえのさる【庚申】 p.54
甲乙丙丁戊己庚申壬癸（こうおつへいていぼきこうしんじんき）の十干と子丑寅卯辰巳午未申酉戌亥の十二支を組み合わせた暦。「干支」の一つで60年に1度巡ってくる年。

こうせいしさん【構成資産】 p.3
世界文化遺産として相応しい「顕著な普遍的価値」を証明するもの。富士山の構成遺産には山そのものだけではなく周辺の湖や神社、御師住宅、溶岩、樹型など、山梨、静岡両県合わせて25件の構成資産で構成される。山梨側は16件、そのうち富士吉田市内では以下の5つの構成資産がある。
1. 吉田口登山道　2. 北口本宮冨士浅間神社　3. 御師住宅（旧外川家住宅）　4. 御師住宅（小佐野家住宅）　5. 吉田胎内樹型

こうせん【香煎】 p.112
主に米・麦などの穀類を煎ってひいた粉のこと。江戸時代から使われている言葉。しそ・陳皮などを加え白湯にといて飲むこともある。こがしともいう。

ごうりき【強力】 p.80
夏場の登山期に、道者の案内や荷物運びを兼ねた人。近世には講社回りの際のお供役と講社の富士登山を案内する仕事に従事した人。昭和期は年ごとの雇い人であった。

このはなさくやひめ【木花開耶姫】 p.10
全国にある浅間神社の祭神。木花開耶姫は、五穀（穀物）・酒造・養蚕を守護する神で、火が燃え盛る小屋で3人の子を無事産んだことから安産と火除けの御利益があるといわれる。父は大山祇神（おおやまづみのかみ）、夫は彦火瓊瓊杵尊（ひこほのににぎのみこと）。

ごへい・しで・おしめ【御幣・紙垂・お注連】 p.38
紙垂はごへいまたはおしめともいわれ、白い紙を重ね決まった断ち方をして切って、折って作る。御師の家でも販売される。また、すすき祭りの際には富士講の方々や婦人会の方々が作り、すすきに結び、すすき祭りに参列する。注連縄や玉串などにつけて垂らす。

こめこ【米粉】 →p.112 米

[サ行]

さいえ【斎会】 p.59
神を祀ること。神を祭祀する儀式。

さいしょく【斎食】 p.59
法要その他の仏事のおり、供せられる食事。

さいふく【斎服】 p.12
神事のときに着る服。

しーえーちょぞう【CA貯蔵】 p.98
果実や野菜の貯蔵法の一種。庫内空気中の酸素を減らして二酸化炭素を増やし、低温で貯蔵。呼吸作用を抑制して青果物に含まれる糖や酸の消耗を防止する。鮮度の保持期間が延長される。同様の考え方にあるのが雪中貯蔵で、積雪の多い地方では昔から行われている貯蔵法の一つ。りんごで実用化された。

しかん【祠官】 p.132
神社の祭礼、社務に関わる人、かんぬし。

しきさんこん【式三献】 p.86
酒宴の作法の一つで、最も儀礼的なもの。饗宴で献饌ごとに酒を勧めて乾杯することを3度繰り返す作法。最初の「三献」を儀礼的なものとして、特に「式

巻末資料　137

三献」というようになったといわれる。

しきしょうりょうり【式正料理】p.85-6
江戸時代の初期まで行われていた正式な儀式料理のこと。

しきだいげんかん【式台玄関】p.18
表座敷に接している板張りの式台がある玄関のこと。

しゅげんどう【修験道】p.3
山へ籠もって厳しい修行を行うことにより、悟りを得る。日本古来の山岳信仰が仏教にとり入れられた日本独特の宗教である。修験宗ともいう。修験道の実践者を修験者または山伏という。

しょうじんけっさい【精進潔斎】p.82
肉食を断ち、行いを慎んで身を清めること。

じょうしんこ【上新粉】p.56
精白した粳米を水に浸してやわらかくし、乾燥させてから細かい粉にしたもの。団子、まんじゅう、餅菓子などの材料として用いる。

しょくじようしき【食事様式】p.5
いつ誰と何をどのように食べるかに関する様式。

しょくぶんか【食文化】p.4
ある集団が地域、時代を超えて共有し習慣化した行事や食事様式に関する食（食品、流通、調理、栄養等）を含む生活文化のこと。

しんじんきょうしょく【神人共食】p.5
神に供えたものを皆で食べ合うこと。直会。同じ食物を食べ分かち合うことにより、神と人間、また神を祀った人間同士の精神的・肉体的連帯を強めようとするもの。

しんぜん【神前】
→かみだなの項参照

しんたいさん【神体山】p.3
神霊が宿り、直接崇拝の対象となる山。

しんぶつしゅうごう【神仏習合】p.4
日本固有の神の信仰に外来の仏教信仰が融合・調和したもの。奈良時代、神社に付属して神宮寺が建てられ、平安時代以降、仏・菩薩（ぼさつ）を本地（ほんち）とし神を衆生救済（しゅじょうきゅうさい）のための垂迹（すいじゃく）とする本地垂迹説（ほんじすいじゃくせつ）やその逆の反本地垂迹説などが起こり、明治政府が神仏分離政策を行った。

しんぶつぶんり【神仏分離】p.128
明治元年（1868）3月、明治政府が神仏判然令を公布。古代以来の神仏習合を禁じ、これにより全国に廃仏毀釈運動が起こった。

せちえ【節会】p.5、37
主に節日（せちにち）に、天皇が諸臣に酒食を賜る平安時代からの宮中儀式。元日・白馬（あおうま）・踏歌（とうか）・端午（たんご）・豊明（とよのあかり）の五節会のほか立后・立太子・任大臣・相撲（すまい）などがあった。
　あおうま【白馬】白馬の節会の略。平安時代に恒例となった宮中年中行事の一。陰暦正月7日、紫宸殿（ししんでん）で左右馬寮（めりょう）の引く21頭の「白馬」を見たのち宴を催した。中国由来の「白馬」を見れば邪気を除くというもの。とうか【踏歌】正月の祝儀として、天皇出席のもとで長寿を祝い万民の豊年を祈って群集舞踏を見る節会。とよのあか

り【豊明】大嘗祭・新嘗祭の翌日、豊楽殿で行われる宴会。陰暦11月の辰（たつ）の日（大嘗祭のときは午（うま）の日）、天皇がその年の新穀を食す宴。

せんだつ【先達】p.76
元は修験道でも使われていた言葉。富士講では講の代表者たる存在をいう。明治までは、先達の資格は講からの申し入れと登山回数（7度以上）、そして人柄を見て御師が認定して許し状を出していた。

[タ行]

だいきょうりょうり【大饗料理】p.86
平安時代の儀式料理。もともと大規模な宴会料理を指す。食材が並び卓上で調味して食べる料理様式。高級貴族が正月に行う正月大饗や、大臣に任ぜられたときの大臣大饗などの宴席がある。

だいこくてん・おおくにぬしのみこと【大黒天・大国主命】p.70
七福神の一。狩衣に似た服を着て大黒頭巾をかぶり、左肩に大袋を背負い、右手に打ち出の小槌を持ち、米俵の上に座る像につくる。大国主神と習合。福徳の神として民間の信仰を集める。

たちからおのみこと【手力男命】p.60
記紀神話の神。天照大神（あまてらすおおみかみ）が天の岩屋に隠れたとき、戸を開いて大神を連れ出した大力の神。天孫降臨（てんそんこうりん）に従う。

たつみち【タツミチ】p.18
御師住宅において、表通りから奥まった屋敷までの細長い引き込み道のこと。

たてえぼし【立烏帽子】
頭部の峰を高く立てたままにして折り曲げない扁円状の本来の烏帽子。主として上皇・公卿・殿上人らが着用した。

たまぐし【玉串】
神饌と同じ意味を持つ。祝詞の奏上のあとに、玉串が捧げられる。玉串を右手は上から左手は下から支えて受け取る。時計回しに90度回して立て、祈念を込め、左手で根元を持ち時計回しに90度回し、右手を下に添えて、神前の案（台）に捧げる。

ちゅうき【中気】p.46
冬至から次の冬至までを12等分した各区分点。二十四節気の偶数番目のもので、冬至・大寒・雨水・春分・穀雨・小満・夏至・大暑・処暑・秋分・霜降・小雪がこれにあたる。

ついかさね【衝重】p.14
食物などをのせる膳の一種。四方に大きく格狭間（こうざま）を透かした台に折敷を重ねたもの。食物をのせたり、神供をのせる儀式の具として用いる。台の三方に穴をあけたものを三方（さんぽう）、四方に穴をあけたものを四方（しほう）という。

ついな【追儺】p.46
悪鬼をはらい、疫癘（えきれい）を除いて、新年を迎える儀式。宮廷年中行事の一つ。大晦日の大祓に次いで行われた。

てんじんちぎ【天神地祇】p.72
天の神と地の神。天つ神と国つ神。すべての神々。

てみずしゃ【手水舎】p.10
手と口を清めるところ。北口本宮冨士浅間神社のそれは享保2年（1745）に建立された。清め方は柄杓

で左手をすすぎ、次に右手をすすぎ、右手に持った柄杓から、左手のくぼみに水を受け、その水で口をすすぎ、もう一度左手を清め、最後に柄杓を立てて、柄杓に残っていた水を柄杓の柄に流して清め、元の位置に柄杓を戻す。

とうか【踏歌】p.37 →節会

どうじゃ【道者】p.10
はじめは仏教や道教などの修行者を指したが、やがて仏道修行に精進する在家の人をいうようになり、さらに転じて遠路、苦難をいとわず、先達に導かれて霊山、霊地に詣でる人々を呼ぶようになった。

としがみさま【歳神様】p.38
毎年正月に各家にやってくる来訪神のこと。現在でも残る正月の飾り物は、もともと歳神を迎えるためのもの。

とよのあかり【豊明】p.37 →節会

[ナ行]

なおらい【直会】p.5
神祭終了後、神饌や神酒のおろし物を参加者が分かち飲食する行事。

なめみそ【嘗め味噌】p.116
なめみそには、鎌倉時代に禅僧が中国の径山寺（きんざんじ）から持ち帰った製法で大豆と麦麹と砂糖か蜜の甘味を合せて醸造してつくるものと、味噌に野菜等を混ぜて作る「鉄火みそ」「蕗みそ」「ねぎみそ」等の調理加工されるタイプのものがある。江戸時代に普及し、さまざまな種類がある。前者は和え衣にも使う。常備菜的な存在。

にゅうじょう【入定】p.11
高僧や聖者が死ぬこと。

ねだてんじょう【根太天井】p.130
2階の床組をそのまま天井とする。主に民家の意匠。

[ハ行]

はいぶつきしゃく【廃仏毀釈】p.14
明治元年（1868）神仏分離令公布により、明治政府が神道国教化政策に基づき、仏教の排斥を行った。神社と寺を分離させ、仏堂・仏像・仏具・経巻などの破壊や排斥が各地で行われた。

はいれい【拝礼】
神前で　2礼（拝）2拍手1礼（拝）を行う。まず深く2拝（90度）2拍手を行い、1拝し、軽く礼をする。

ばんちゃん【バンチャン】p.30
御師の家の使用人で、料理人のこと。夏場の季節労働者で静岡県の沼津方面からの出稼ぎが多かった。夫婦で住み込みでやってくることもあった。

ははこぐさ【母子草】p.51
キク科の越年草。春の七草の一つでゴギョウといい、若い茎・葉は食べられる。古くは葉を餅に入れて餅草とし草餅を作った。

ひえ【稗】p.112
イネ科の1年草作物。粳種のみ。飯に混ぜるほか富士山麓では粉にして焼き餅、ちゃんこ等で食べられていた。東京の山間地域では、小麦粉を混ぜた焼き

138

餅、粟と一緒に搗いたぼた餅、稗粥等で後年まで食べられている。

ブクがかかる【服がかかる】 p.91
喪に服すこと。また、その期間。

ふじさんもとこう【富士山元講】
食行身禄が入定の際、その最期を看取った田辺十郎右衛門が先達となって結成したのが富士山元講。昭和61年に市の無形文化財となっている。

ふちゃりょうり【普茶料理】
精進の卓袱料理をいう。江戸初期に来日した明の僧隠元によって伝えられ、隠元が開祖となった京都宇治の黄檗山万福寺に現在も伝えられている。元来普茶料理は禅宗の茶礼（茶を喫しながらする協議）のあとの食事をいう。

へいそく【幣束】 p.74
祭祀で用いる。神様に奉献する紙または布帛（ふはく）を細い木または竹にはさみ取りつけたもの。

ほう【袍】 p.12
うえのきぬともいう。文官の用いた束帯の上着。両脇が閉じられ、裾に襴（らん）という別布のついたものが縫腋（ほうえき）の袍。

ほうみゃく【法脈】 p.10
各宗の法義が師から弟子へと伝えられること。また伝えた人々のこと。

ほんぜんりょうり【本膳料理】 p.82
大饗料理の流れをくみ、室町時代中期に登場した儀式料理。精進料理の高度な調理技術を取り込んだもので、本格的な和食の成立と見なすことができる。平置き型。一汁三菜、または五菜、二汁七菜等、品数が増えると膳の数も増える。
　一汁五菜　例　本膳（汁…みそ仕立て、膾〈なます〉…生魚の酢の物または刺身、坪…深めの蓋のある漆器で煮物等、飯、香の物）脇膳（平…平らな広い器に煮物を盛る。煮しめ平とつゆ平がある。猪口…和え物、浸し物）　焼き物膳（焼き物）
＊提供方法は、飯が3回に汁をかえたところで、中酒が推め、膳を下げ、吸い物、肴に小皿2皿、湯、干菓子、生菓子、薄茶が出される。

[マ行]

まちわり【町割り】 p.18
一定範囲の土地に複数の街路、水路を整備し、土地を区画整備した町並みのこと。

みずごり【水垢離】
神仏に祈願する前に、水を浴びて身を清め、穢（けがれ）を取り除いて心身を清浄にすること。みそぎ。

みたましろ【御霊代】 p.63
神霊の代わりとして祀るもの。神霊が宿っているものとして神社などに祭り、礼拝の対象とする御神体。

みたままつり【御霊祭り】 p.59
正月の行事の一つ。大晦日の夜または元日の未明に、祖先の霊や歳徳神（その年の福徳を司るとされる神）を祀ること。

むぎ【麦】 p.112
イネ科の穀物で大麦、小麦、ライ麦、裸麦、燕麦などの総称をいう。殻がかたいため、粉食で食べることが多いが、押しつぶして平麦にして炊いたり、粗くひいて食べたりする。おばくといい、大麦はそのまま煮て食べたり、香煎にした。

[ヤ行]

やーながわ【ヤーナ川】 p.18
御師住宅の敷地に小さな滝がつくられた水路をいう。福地用水。行者が禊をしたと伝わる。「間（あい）の川」から転じたと考えられるが、定かではないという。

やくいもんけいしき【薬医門形式】 p.18
門柱（本柱）の後ろに控柱が2本設けられた門の総称。社寺、城郭、邸宅にも多く使われた。名前の由来は、門扉の隣に出入りが簡単な戸を設けて出入りを楽にした医院の門という説がある。

ゆきしろ【雪代】 p.10
春先の雪解け水と大量の雨が、大量の水を含んで起こす雪崩のこと。土石流や泥流となって流れ落ち、山裾の街に大きな被害をもたらすこともある。

●**太々神楽献立につき覚書**
文政二己卯年六月九日（1819年6月）
・八日朝
出迎：
御酒、赤飯、煮染（乾〈干〉瓢、椎茸、〆豆腐、結昆布、鮑）、胡麻塩
落附：
雑煮（本かつほ、焼豆腐、餅、青味）、味噌吸物（どぢやう、せん牛蒡、□山椒）、硯蓋（焼たまご、花くわひ、れんこん、あわひ、小串、川茸、新生姜）、鉢肴（あわひ、ふくら煮〈ふっくら煮・ふくら煎〉）、吸物（ふく皮〈ふぐ皮〉、みる）、夕飯、皿（かつを、から）、平（豆腐、のり）、汁（焼豆腐、椎茸）、飯、御供、煮染（干瓢、火取魚、せんまへ）、御神酒、鉢肴（ひたし）、宮中喰、餅（あんころ、いくよ〈幾代餅〉）、煮染（れんこん、結昆布、あわひ、新牛房、椎茸）、御神酒、取肴
本膳部：
鱠生盛（白瓜せん、かつほ作身、くらけ、三嶋苔〈三島苔〉、岩茸、けん）、大汁（椎茸、ふく皮〈ふぐ皮〉、青菜）、小皿（なら漬）、坪（きくらけ、あわひ、かち栗）、飯、平（花海老、きり身、長いも、大椎茸、青味）、二ノ汁（すき、見る草、めうか）、猪口（夏梅豆腐、かやせん）、茶碗盛（松茸、くしこ〈串海鼠〉、もやし豆）、焼物（鮎、生姜）、台引（磯辺かん、長いも、むま煮）、銘々盃（寿餅）、嶋台（かちくり、巻するめ、結昆布）、三方（長熨斗）、三組盃（てふし）、味噌吸物（たい、ゆつ、青味）、硯蓋（よせくるミ、巌石卵、本海老、くわひ、れんこん、川苔、あわひ）、吸物（こん布、たら、こしやう）、鉢肴（はま焼）
・十日朝
皿（大根卸、のり、わさび）、小皿（かふのもの）、飯、坪（とろゝ）、平（味噌あわひ、きくらけ）、吸物（くちら、牛房、山椒）、硯蓋、丼、鉢希、皿（卸大根、唐芋、のり）、蕎麦
・十一日朝
皿（白瓜、まくろ、たで）、汁、小皿（かふのもの）、坪、飯、平、猪口、千鶴、万亀、大々叶（『富士吉田市史』大国屋　田辺和泉　田辺四郎家蔵）

●**太々神楽会席献立　秋本家文書**
明治16年（1883）8月7日

三宝三ツ組：
吸い物（さより、もやし、ロゆず、きんとん、えび）、硯蓋（すばす、ながしもの、にしき玉子、かまぼこ、さらさどうふ、しのだまき、バ正いか）、吸物（うずら、ロゆず、青味）、大皿（さしみ、かつら、こめのり、正上のり）、吸物（あハ玉子、にんじん、ロゆず）、大皿（鯉生酢、玉子どうふ）、大平（ハなぶ、青味）、吸物（こくしこ、三正〈山椒〉、丼（かい）、吸物（松竹、水前寺のり、もやし、皿（どじょう、三正〈山椒〉、ささげごぼう）、吸物（たら、こんぶ）、大鉢（水がへ、正が）、大平（しらたき、松葉ům）、吸物（とうふ、ロ三正山椒〉）、大皿（たら、うまに）、焼物（大鯖弐本）
本膳部：
皿（あい、いけもり）、手塩こおのもの、坪（とヲふ、牛蒡、きくらげ、もやし）、飯、小坪（つゆびら、むすびざより、青味、比し竹）
二の膳：
二ノ汁とうふ、猪口（はす、こんにゃく、白あい）、引平（山いも、しい竹、かんぴょう、はす、あい、ぎせいまめ、すだれぶ）、台引、以上

（武蔵野市編『武蔵野市史 続資料編9 諸家文書1』武蔵野市、2002年、p.359-63。）

関連法規

出典は農林水産省、文化庁の各ホームページ。

●文化財保護法
・第二条 「文化財」とは（抜粋）
第一項
建造物、絵画、彫刻、工芸品、書跡、典籍、古文書その他の有形の文化的所産で我が国にとって歴史上又は芸術上価値の高いもの（これらのものと一体をなしてその価値を形成している土地その他の物件を含む。）並びに考古資料及びその他の学術上価値の高い歴史資料。
第六項
周囲の環境と一体をなして歴史的風致を形成している伝統的な建造物群で価値の高いもの。

・第百四十四条
文部科学大臣は、市町村の申出に基づき、伝統的建造物群保存地区の区域の全部又は一部で我が国にとってその価値が特に高いものを、重要伝統的建造物群保存地区として選定することができる。

●伝統的建造物群保存地区
昭和50年の文化財保護法の改正によって伝統的建造物群保存地区の制度が発足し、城下町、宿場町、門前町など全国各地に残る歴史的な集落・町並みの保存が図られるようになりました。市町村は、伝統的建造物群保存地区を決定し、地区内の保存事業を計画的に進めるため、保存条例に基づき保存計画を定めます。国は市町村からの申出を受けて、我が国にとって価値が高いと判断したものを重要伝統的建造物群保存地区に選定します。

市町村の保存・活用の取組みに対し、文化庁や都道府県教育委員会は指導・助言を行い、また、市町村が行う修理・修景事業、防災設備の設置事業、案内板の設置事業等に対して補助し、税制優遇措置を設ける等の支援を行っています。

平成30年8月17日現在、重要伝統的建造物群保存地区は、98市町村で118地区（合計面積約3,924.9ha）あり、約28,000件の伝統的建造物及び環境物件が特定され保護されています。

●無形文化遺産の保護に関する条約
（2003年、第32回ユネスコ総会において採択、2006年発効）
・無形文化遺産の定義
「慣習、描写、表現、知識及び技術並びにそれらに関連する器具、物品、加工品及び文化的空間であって、社会、集団及び場合によっては個人が自己の文化遺産の一部として認めるもの」

・分野
(a) 口承による伝統及び表現（無形文化遺産の伝達手段としての言語を含む。）
(b) 芸能
(c) 社会慣習、儀式及び祭礼行事
(d) 自然及び万物に関する知識及び慣習
(e) 伝統工芸技術

●ユネスコ無形文化遺産
「和食；日本人の伝統的な食文化」
・登録年等
2013年 ユネスコ無形文化遺産保護条約 「人類の無形文化遺産の代表的な一覧表」登録

・分類
「自然の尊重」という日本人の精神を体現した、食に関する社会的慣習として提案。

・提案概要
「和食」は、四季や地理的な多様性による「新鮮で多様な食材の使用」、「自然の美しさを表した盛り付け」などといった特色を有しており、日本人が基礎としている「自然の尊重」という精神にのっとり、正月や田植、収穫祭のような年中行事と密接に関係し、家族や地域コミュニティのメンバーとの結びつきを強めるという社会的慣習であることから、「無形文化遺産の保護に関する条約」（無形文化遺産保護条約）に定める「無形文化遺産」として提案し、「人類の無形文化遺産の代表的な一覧表」へ登録された。保護措置として、学校給食や地域の行事での郷土料理の提供、親子教室等の各種食育活動の実施、郷土料理や食文化に関するシンポジウムの開催等を実施。

・「和食；日本人の伝統的な食文化」の内容
①多様で新鮮な食材とその持ち味の尊重
日本の国土は南北に長く、海、山、里と表情豊かな自然が広がっているため、各地で地域に根差した多様な食材が用いられています。また、素材の味わいを活かす調理技術・調理道具が発達しています。

②栄養バランスに優れた健康的な食生活
一汁三菜を基本とする日本の食事スタイルは理想的な栄養バランスと言われています。また、「うま味」を上手に使うことによって動物性油脂の少ない食生活を実現しており、日本人の長寿や肥満防止に役立っています。

③自然の美しさや季節の移ろいを表現した盛り付け
食事の場で、自然の美しさや四季の移ろいを表現することも特徴のひとつです。季節の花や葉などで料理を飾りつけたり、季節に合った調度品や器を利用したりして、季節感を楽しみます。

④正月行事などの年中行事との密接な関わり
日本の食文化は、年中行事と密接に関わって育まれてきました。自然の恵みである「食」を分け合い、食の時間を共にすることで、家族や地域の絆を深めてきました。

●食育基本法（平成17年施行）
第一章総則（抜粋）
第一条（目的）
この法律は、近年における国民の食生活をめぐる環境の変化に伴い、国民が生涯にわたって健全な心身を培い、豊かな人間性をはぐくむための食育を推進することが緊要な課題となっていることにかんがみ、食育に関し、基本理念を定め、及び国、地方公共団体等の責務を明らかにするとともに、食育に関する施策の基本となる事項を定めることにより、食育に関する施策を総合的かつ計画的に推進し、もって現在及び将来にわたる健康で文化的な国民の生活と豊かで活力ある社会の実現に寄与することを目的とする。

第三条（食に関する感謝の念と理解）
食育の推進に当たっては、国民の食生活が、自然の恩恵の上に成り立っており、また、食に関わる人々の様々な活動に支えられていることについて、感謝の念や理解が深まるよう配慮されなければならない。

第四条（食育推進運動の展開）
食育を推進するための活動は、国民、民間団体等の自発的意思を尊重し、地域の特性に配慮し、地域住民その他の社会を構成する多様な主体の参加と協力を得るものとするとともに、その連携を図りつつ、あまねく全国において展開されなければならない。

第六条（食に関する体験活動と食育推進活動の実践）
食育は、広く国民が家庭、学校、保育所、地域その他のあらゆる機会とあらゆる場所を利用して、食料の生産から消費等に至るまでの食に関する様々な体験活動を行うとともに、自ら食育の推進のための活動を実践することにより、食に関する理解を深めることを旨として、行われなければならない。

第七条（伝統的な食文化、環境と調和した生産等への配意及び農山漁村の活性化と食料自給率の向上への貢献）
食育は、我が国の伝統のある優れた食文化、地域の特性を生かした食生活、環境と調和のとれた食料の生産とその消費等に配意し、我が国の食料の需要及び供給の状況についての国民の理解を深めるとともに、食料の生産者と消費者との交流等を図ることにより、農山漁村の活性化と我が国の食料自給率の向上に資するよう、推進されなければならない。

●文化芸術基本法（平成29年6月23日施行）
第十二条（生活文化の振興並びに国民娯楽及び出版物等の普及）
国は、生活文化（茶道、華道、書道、食文化その他の生活に係る文化をいう。）の振興を図るとともに、国民娯楽（囲碁、将棋その他の国民的娯楽をいう。）並びに出版物及びレコード等の普及を図るため、これらに関する活動への支援その他の必要な施策を講ずるものとする。

主要参考文献

清水桂一訳補『日本料理法大全』第一出版、1965 年。
内田武志、宮本常一訳『菅江真澄遊覧記（1）東洋文庫 54』平凡社、1965 年。
岩佐忠雄編著『北富士すそのものがたり』第 1～3 巻、富士五湖史友会、1967～75 年。
伊藤堅吉『富士山御師』図譜出版、1968 年。
伊藤堅吉『郷愁の民俗―富士山麓』図譜新社、1968 年。
宮本常一『民間暦　宮本常一著作集 9』未来社、1970 年。
島村妙子「幕末下級武士の生活の実態：紀州藩一下士の日記を分析して」『史苑』vol.32 no.2、立教大学、1972 年、pp.45-77。
石川松太郎校注『庭訓往来』平凡社、1973 年。
羽田光著・発行『富士の信仰と富士講』1975 年。
西山卯三『日本のすまい』Ⅰ～Ⅲ、勁草書房、1975～80 年。
中沢正『日本料理史考』柴田書店、1977 年。
鈴木棠三『日本年中行事辞典』角川書店、1977 年。
吉井始子編『翻刻江戸時代料理本集成』臨川書店、1978～81 年。
川上行蔵編著『料理文献解題　シリーズ食文化の発見 5』柴田書店、1978 年。
村井康彦編『京料理の歴史　シリーズ食文化の発見 4』柴田書店、1979 年。
岩科小一郎『富士講の歴史―江戸庶民の山岳信仰―』名著出版、1983 年。
『週刊朝日百科「世界の食べ物」』全 120 巻、朝日新聞社、1983 年。
倉林正次『日本のまつりと年中行事辞典』桜楓社、1983 年。
平野雅章ほか編『日本料理法秘伝』同朋舎出版、1985 年。
「日本の食生活全集　静岡」編集委員会編『聞き書　静岡の食事　日本の食生活全集 22』農山漁村文化協会、1986 年。
内田和夫『暦と時の辞典』雄山閣出版、1986 年。
河野友美『酢の百科　日本の食文化体系第 12 巻』東京書房社、1986 年。
平野榮次『富士浅間信仰民衆宗教史叢書第 16 巻』雄山閣出版、1987 年。
原田信男ほか編『生活感覚と社会　日本の社会史第 8 巻』岩波書店、1987 年。
何必醇原著、福田浩訳『豆腐百珍』教育社、1988 年。
平野雅章訳『料理物語』教育社、1988 年。
博望子原著、原田信男訳『料理山海郷』教育社、1988 年。
原田信男『江戸の料理史』中央公論、1989 年。
富士吉田市史編さん室編『上吉田の民俗』富士吉田市、1989 年。
星野芳三『古文書の語る歴史』授業を創る社、1989 年。
富士吉田市史編さん室編『下吉田の民俗』富士吉田市教育委員会、1990 年。
「日本の食生活全集　山梨」編集委員会編『聞き書　山梨の食事　日本の食生活全集 19』農山漁村文化協会、1990 年。
中村幸平『日本料理語源集』光琳社出版、1990 年。
富士吉田市史編さん委員会『富士吉田市史』富士吉田市、1992 年～。
「日本の食生活全集　神奈川」編集委員会編『聞き書　神奈川の食事　日本の食生活全集 14』農山漁村文化協会、1992 年。
吉成勇編『たべもの日本史総覧』新人物往来社、1992 年。
板坂耀子『江戸を歩く　近世紀行文の世界』葦書房、1993 年。
伊藤裕久「戦国期上吉田宿の町割・屋敷地割とその変容」『都市と商人・芸能民』山川出版社、1993 年、p.166-203。
高正晴子「将軍の献立について―11 代将軍徳川家斉の献立にみる特色―」『日本家政学会誌』vol.45 no.10、p.919-25、1994 年。
小泉和子『台所道具いまむかし』平凡社、1994 年。
『鎮火祭』北口本宮冨士浅間神社、1996 年。
富士吉田市史編さん室編『マネキ』富士吉田市教育委員会、1996 年。
小菅桂子『近代日本食文化年表』雄山閣出版、1997 年。
『米・麦・雑穀・豆全集日本の食文化第 3 巻』、雄山閣出版、1998 年。
永山久夫『日本古代食事典』東洋書林、1998 年。
島崎とみ子「朝鮮通信使の来日における諸大名の対応について」『女子栄養大学紀要』vol.30、p.189-96、女子栄養大学、1999 年。
笹川臨風、足立勇『日本食物史〈下〉』雄山閣出版、1999 年。
飯田文弥編『甲斐と甲州道中　街道の日本史 23』吉川弘文館、2000 年。
富士吉田市歴史民俗博物館編『富士吉田市歴史民俗博物館　企画展「太々神楽と獅子神楽」図録』富士吉田市教育委員会、2001 年。
みそ健康づくり委員会編『みそ文化誌』全国味噌工業協同組合連合会・社団法人中央味噌研究所、2001 年。
大口勇次郎「消費者としての江戸城」『お茶の水史学』vol.45、お茶の水女子大学、2001 年 p.107-31。
高正晴子『朝鮮通信使の饗応』明石書店、2001 年。

髙橋雅夫編著『守貞謾稿図版集成』雄山閣、2002 年。
富士吉田市食生活改善推進員会『ひじろ～創立 30 周年記念誌ふじよしだ伝統の味～』2002 年。
伊藤裕久、佐藤恵利子「山梨県の歴史的町並　―竪家と横家―」『甲斐の美術・建築物・城郭』岩田書院、2002 年、p.245-74。
武蔵野市編『武蔵野市史続資料編 9 諸家文書 1』武蔵野市、2002 年、p.359-63。
熊倉功夫『日本料理文化史　懐石を中心に』人文書院、2002 年。
石川寛子・江原綾子『近現代の食文化』弘学出版、2002 年。
野村圭佑『江戸の自然詩『武江産物志』を読む』どうぶつ社、2002 年。
神崎彰利、福島金治編『鎌倉・横浜と東海道　街道の日本史 21』吉川弘文館、2002 年。
髙橋英一『京都・瓢亭　懐石の器とこころ』世界文化社、2003 年。
伊藤裕久『近世都市空間の原景―村・館・市・宿・寺・社と町場の空間形成―』中央公論美術出版、2003 年。
新井勝紘、松本三喜夫編『多摩と甲州道中　街道の日本史 18』吉川弘文館、2003 年。
今井金吾校訂『定本武江年表〈上〉〈下〉』筑摩書房、2003～2004 年。
伊藤裕久「近世町家の成立過程　―市・宿の展開と複合的居住―」『シリーズ都市・建築・歴史 5　近世都市の成立』、東京大学出版会、2005 年、p.277-89。
富士吉田市教育委員会歴史文化課編『吉田の火祭』富士吉田市教育委員会、2005 年。
富士吉田市歴史民俗博物館編『おめでたいかたち　―富士の意匠―』富士吉田市教育委員会、2005 年。
神崎宣武『「まつり」の食文化』角川書店、2005 年。
原田信男『和食と日本文化　日本料理の社会史』小学館、2005 年。
原田信男『歴史の中の米と肉』平凡社、2005 年。
川上行蔵著、小出昌洋編『日本料理事物起源』岩波書店、2005 年。
川上行蔵著、小出昌洋編『食生活語彙五種便覧』岩波書店、2005 年。
山梨県立博物館編『甲州食べもの紀行―山国の豊かな食文化―』山梨県立博物館、2005 年。
富士吉田市歴史民俗博物館編『富士の神仏―吉田口登山道の彫像―』富士吉田市教育委員会、2005 年。
外川家住宅学術調査会、富士吉田市歴史民俗博物館編『富士山吉田口御師の住まいと暮らし』富士吉田市教育委員会、2005 年。
奥村南「富士講の地域的展開」『大東アジア学論集第 8 号』、2005 年、p.7-12。
熊倉功夫『日本料理の歴史』吉川弘文館、2007 年。
『日清オイリオグループ 100 年史』日清オイリオグループ、2007 年。
甲州史料調査会編『富士山御師の歴史的研究』山川出版社、2009 年。
松下幸子『図説江戸料理事典』柏書房、2009 年。
江原絢子、石川尚子編著『日本の食文化：「和食」の継承と食育』アイ・ケイコーポレーション、2009 年。
岡田荘司編『日本神道史』吉川弘文館、2010 年。
沼部春友、茂木貞純『新神社祭式行事作法教本』戎光祥出版、2011 年。
富士吉田市歴史民俗博物館編『写真で見る　富士吉田の歩み―市制 60 周年記念―』富士吉田市教育委員会、2011 年。
『MARUBI 富士吉田市歴史民俗博物館だより』vol.36、富士吉田市歴史民俗博物館、2011 年。
江原絢子、東四柳祥子編『日本の食文化史年表』吉川弘文館、2011 年。
野本寛一『食の民俗事典』柊風舎、2011 年。
髙橋敦子『日本の四季ごちそう暦伝えたい旬菜と行事食』女子栄養大学出版部、2011 年。
南里空海『神饌』世界文化社、2011 年。
松下幸子『江戸料理読本』筑摩書房、2012 年。
原田信男『日本の食はどう変わってきたか』角川学芸出版、2013 年。
時枝務、長谷川賢二、林淳『修験道史入門』岩田書院、2015 年。
山梨県教育委員会学術文化財課編・発行『山梨県の近代和風建築―近代和風建築総合調査報告書―』2015 年。
ふじさんミュージアム編『ふじさんミュージアム（富士吉田市歴史民俗博物館）展示解説』富士吉田市教育委員会、2016 年。
向後千里・友田博通「食文化支援の実践活動の試み～ベトナム農村集落における文化財保存と観光支援の取り組み～」『くらしき作陽大学研究紀要』第 49 巻、第 2 号）2016 年。
富士吉田市都市基盤部都市政策課『富士吉田市景観計画』富士吉田市、2016 年。
中村羊一郎『年中行事としきたり』(和食文化ブックレット 2) 思文閣出版、2016 年。
原田信男『和食の歴史』(和食文化ブックレット 5) 思文閣出版、2016 年。
米澤貴紀『神社の解剖図鑑』エクスナレッジ、2016 年。
城﨑陽子『冨士に祈る』ふこく出版、2017 年。
ふじさんミュージアム編『北口本宮冨士浅間神社のすべて』ふじさんミュージアム、2018 年。
『季刊民族学』167 号（特集：二つの顔を持つ山―世界遺産・富士山）、一般財団法人千里文化財団、2019 年。

協力一覧

（敬称略・五十音順）

調査や取材、シンポジウム等にご参加いただいた冨士山北口御師団の方はじめ、多くの団員の方々には特にお世話になりました。また、富士講の方々、地元の方々にもご協力をいただきました。そして、御師料理プロジェクトの奥脇氏、アドバイスをいただきました両先生方に重ねて厚くお礼申し上げます。

●冨士山北口御師団（カッコ内は屋号）

秋山 晃一・雅子（菊谷坊）	生沼 邦彦
梅谷 建治・時子（梅屋）	大國 晴雄
大鴈丸 一夫・章子・一志・奈津子（大鴈丸）	長田 綺美恵
大注連 浄・信子（大注連）	小佐野 文男
大友 貴雄（奥友）	神樂 利行
刑部 自生・倫子（小猿屋）	加藤 公子
小佐野 正史・美香子（小御嶽）	加藤 信子
小佐野 卓三（堀端屋）	桑原 孝正
小佐乃 哲男（仙元房）	齊藤 義次
小澤 恵美子・輝展・佳代（筒屋）	斉藤 賢一郎
國澤 正（國澤）	佐藤 弥生
故・佐藤 勝利（毘沙門屋）	宍野 史生
佐藤 文子（申屋）	城﨑 陽子
注連澤 一仁（注連屋）	菅田 潤子
上文司 厚・智子（上文司）	竹埜 元木
田辺 満・多重子・仲子（大国屋）	田中 裕二
外川 公彦・和美	外川 強
外河 明樹（大外河）	友田 博通
原 寅夫・陽子（竹谷）	中林 輝茂
槇田 但人・アイ（槇田）	西村 裕子
渡辺 俊英・白木 恵美子（安房さん）	深瀬 央道
	本田 晶子
ほか、北口御師団の方々	本山 岩男
	吉村 幸太郎
	渡邊 弘之
	渡辺 豊

●特別協力（御師料理プロジェクト）

女子栄養大学名誉教授　髙橋 敦子
京都　瓢亭 14 代当主　髙橋 英一
（一社）国際食文化交流協会理事　奥脇 裕

北口本宮冨士浅間神社
北口本宮冨士浅間神社太々神楽保存会
北口本宮冨士浅間神社弓道部
富士山文化舎
富士山吉田口旅館組合（山小屋）
神道扶桑教
岩尾 侑樹・村尾 信次郎（くらしき作陽大学）

富士吉田市
富士吉田市教育委員会
ふじさんミュージアム

あとがき

　2013 年に「和食；日本人の伝統的な食文化」がユネスコの世界遺産に登録されました。それと同時期に世界遺産となったのが「富士山」です。和食が無形文化遺産として登録された背景には戦後の食文化の西洋化・グローバル化による和食の危機的状況があります。本格的な和食が確立し展開したのは、富士講が栄えた江戸時代。食文化が花咲いた時代です。料理は時間をかけて丁寧に丹精込めて作られ、技術的にも優れ、日本の伝統的な調味料やお酒も出そろい、多種多様で豊富な食材や食具に恵まれ、食事のスタイルも形成されました。江戸にほど近い富士吉田の町が、江戸から明治という時代の転換点を越えて支持され、関東から多くの人が集まったとなれば、地域の食材や伝統的な食文化に江戸の食文化が加わって魅力的な食事がなされていたと考えられます。そして、富士吉田の風土や御師の信仰文化が持つ、単に豪華で美味なものを追求するのではない気風が、御師料理のバランスのよさを育みます。たんぱく質、脂質、炭水化物のバランスに優れた一汁三～五菜の献立と楽しく感謝する食事、粉食粒食の雑穀をいただく冬の食事等、まさに現代に求められているものだと考えられます。

　地域の食育を念頭におき、美しく雄大な富士山の自然を感じ、地域の食生活文化も理解できる入門書的な書籍として、これまでの富士講や御師の民俗調査などの研究成果に加え、1 年間の営みを追いかける計画を立てたわけですが、思った以上に祀りごとが多く、厳しいスケジュールとなりました。そんな行ったり来たりの調査を支えてくれたのは、やはり御師の人たちです。このプロジェクトの推進役である竹谷の原さん、いつも心温かく迎えてくださった筒屋さんや上文司さん、そして元旦から押しかけての取材にご協力いただいた大国屋さん、大鷹丸さん、毘沙門屋さん、申屋さん、菊谷坊さん、調査にあたっては槇田さん、安房さんに無理をお願いすることになり、アンケート調査を実施した際には歳司の小佐野さん、大友さんが奔走してくださり、新歳司（2019 年～）の大注連さん、注連さんにもお世話になりました。梅谷さん、國澤さん、刑部さんもシンポジウムに駆けつけてくださり、また快く撮影許可をくださった北口本宮冨士浅間神社宮司の上文司氏や氏子の皆さん、富士講の先達さんをはじめ御師町の皆さんにはたびたびお世話になりました。信仰のある優しさあふれる町に感謝しています。御師の食文化が持っている価値を何とか形にして残したいという堀内富士吉田市長はじめ多くの方にご支援いただきました。支援に行ったはずが、支援していただく、そんなよい関係を結ぶことができ、さらに調査や研究を続けるスタートラインに立った。そんな心境です。

　御師の町で生活する御師の人たちや周囲の方々の熱い気持ちと、居心地のよい町の雰囲気や魅力に引き込まれながら調査研究を進めてゆく中で、御師料理プロジェクトの奥脇裕氏、髙橋敦子教授、日本料理業界のトップリーダーである瓢亭の髙橋英一氏らに励ましのお言葉をいただき、また 2018 年の中間発表としての講演では御師の方々からも温かいお言葉を掛けていただき随分と勇気づけられました。膨大な資料と格闘する私を支えてくれたふじさんミュージアムの布施氏をはじめとする富士吉田市の御師料理プロジェクトの担当者の皆様、いつもお世話になる校正の川島さんとスタッフの皆に、そして、香川栄養学園の香川明夫氏、出版部の吹春氏に深く感謝します。文化的な特徴や多様性のあるアイデンティティ豊かな生きている遺産＝リビング・ヘリテイジを目指して、今後も調査や保存活動が行われることを願っています。

（向後千里）

著者略歴

向後 千里 こうごちさと

くらしき作陽大学食文化学部准教授／女子栄養大学特任教授／昭和女子大学国際文化研究所客員研究員
向後千里デザイン室主宰／ちさと舎代表
(株)群羊社勤務後、昭和女子大学大学院生活機構研究科博士課程で友田博通研究室で設計を学ぶ。
食生活文化の専門家として、ベトナムや倉敷を中心とした町並み保存、観光支援、食文化継承活動を行う。外資系ホテル等で日本料理店の器デザイン、コーディネート、食環境プロデュースを手がける。東京ステーションホテルの日本料理店・丸の内一丁目「しち十二候」の設計を隈研吾建築都市設計事務所と共同で行い、コンサルタント等を行う。
富士吉田市歴史文化基本構想委員。料理の著書多数。

協力：ふじさんミュージアム（布施 光敏）
校正：川島 智子
編集・DTP協力：脇本 厚司、中尾 宙乃
カバー写真：脇本 厚司
デザイン：向後 千里

富士山と御師料理
御師の家に息づく信仰と生活、食文化の歴史

2019年3月30日　初版第1刷発行

編著者　向後 千里
発行者　香川 明夫
発　行　富士吉田市・女子栄養大学出版部
発　売　女子栄養大学出版部
　　　　〒170-8481 東京都豊島区駒込3-24-3
　　　　電話 03-3918-5411（営業）
　　　　　　 03-3918-5301（編集）
　　　　ホームページ　http://www.eiyo21.com
　　　　振替　00160-3-84647
印刷・製本　大日本印刷株式会社

乱丁本・落丁本はお取り替えいたします。
本書の内容の無断転載・複写を禁じます。
また、本書を代行業者の第三者に依頼して
電子複製を行うことは、一切みとめられておりません。

ISBN978-4-7895-4617-1
© Chisato Kogo 2019, Printed in Japan